# ふつうにふつうのふりしたあとで、

「普通」をめぐる35の対話

牧村朝子

双葉社

# ふつうにふつうのふりしたあとで、

「普通」をめぐる35の対話

# 第1章 恋愛のふつうって？

# 第2章 性のふつうって？

# 第3章 恋人・家族のふつうって？



# 第4章 社会の求めるふつうって？

# 第5章 そのままの「自分」を取り戻すために

# はじめに

「あなたのことが心配だから言ってるの！」っていう、あれ。

あれを、されたこと、ありますか？　あれを、したこと、ありますか？

こんにちは。されたけど、まだ、してない人です。

「まだ」と言ったのは、たぶんねえ、きっと、これから、しちゃうんだと思うんですね。されたの、あんなに、やだったのにね。だけどね、きっと、しちゃうと思う。実際、わたしまだ人にはしたことないと思う。だけど、猫には、したことあるわ。これこれ、出ないで、中にいなさい。あなたのことが心配だから言ってるの！　……って。


この本は、2021年に書かれています。この本は、2014年からcakesにて続く人生相談連載の書籍化です。2014年当時、最初はこんなタイトルでした。

『女と結婚した女だけど質問ある？』

2017年、連載3年目。初めて書籍化したとき、こんなタイトルに変えました。

『ハッピーエンドに殺されない』

2021年。そこから4年。この度、この本でしか読めない書き下ろし2万字と、この本から他の本へ読者さんが思考の旅に出ることをお手伝いするブックガイドを添え、ふたたび書籍化してお送りしております。タイトルはこちら。

『ふつうにふつうのふりしたあとで、「普通」をめぐる35の対話』

この本がどんな本なのかというご案内も兼ねて、〝ふつう〟をテーマにした理由をお話ししますね。

世の中だいぶ変わったとは言え、相も変わらず、我々は、「結婚こそがハッピーエンドやぞ！」という感じに取り囲まれているよなあと思っております。

女と女だって、〝ちゃんと〟結婚生活してるんです！〝ふつうに〟恋愛して、家族を築いて。わたしたち、決して異常じゃありません！

……みたいなことを申し上げないと認めていただけない感じ。世の中にも。そしてなにより、自分自身にも。いや、なんか、もう、正直ね。マジでダルいな、と思ったんですよね。いややん？

結局ね、〝ふつう〟の範囲に収めることが求められるんだなって思ったんですよね。あらあら、囲いの外に出たら危ないわよ。ちゃんと中に入って。ね。あなたのことが心配だから言ってるの！……って。囲いを作って、その中に、安全で快適な環境を築こうとする習性が人間にはあると思う。人間は、安全のためにこそ、囲うんです。家。塀。城壁。常識。分類。監獄。ルール。派閥。国家。

囲うと、人は、安心します。

ああ、これで自分の居場所ができた。

ああ、これでやっと理解できた。

ああ、これでもうあの危険な存在たちはこっち側には来ない。

ああ、これでもうこの大事な存在たちはこっち側でずっと一緒にいてくれる。

囲うと、人は、安心します。

でも。

それ、完全に安全にはなりきっていないですよね？　実は。ただただ、囲って、安心しているだけで。それは、別に、完全に安全なわけではない。「囲いの中からはみ出ちゃうんです！　自分は〝ふつう〟になれないの？」そうおっしゃる方々の人生相談に、こうお答えすることは簡単です。

「そのままのあなたでよいのですよ。自分らしく。あなたは、あなたらしく……」

でも、それをやっちゃうとさ、そんなふうに書く著者のところに、読者を囲い込んじゃう危険性があるよなって思ったの。わたしは、それは、やりたくなくて。じゃあ、何をするのか？

高みから導いて与えるのではなく、隣に寄り添って。それで、囲いを、確かめています。この囲い、実際、誰が作ってるんだ？　なぜ作ったの？　何でできてるの？　そうすると、ね。わかるんです。あれれ、ここから出られそうじゃん？　って。出るか、出ないか、出るなら出るのは、その人自身なんですけどね。

以上。猫をお気に入りのソファからはがしてケージに入れるときに大暴れされた人がお送りしました。それじゃ、ここから本編です。人間大暴れタイムです。

# 第1章　恋愛のふつうって？

# 35歳処女です。恋は、した事がありません

「35歳処女です。恋は、した事がありません」

……っていう、今回のタイトルは、ご投稿いただいた文章の本文から切り抜いてつけました。ですが、「どうしたら処女じゃなくなれるのか」みたいなことは、別に本題にしません。むしろ、35歳だからといってセックスや恋愛をしなければならないことみたいに言う、セックスや恋愛をしたことがある側に立って「あなたもこうすればこっち側に来られるわよウフフ」みたいな物言いをする、そういう悩み相談記事は書いた人が気持ちよくなって終わるだけのものだと思っています。わたしはそういうのが書きたいわけじゃないの。

どっちかというと、そうだなあ、もっと根っこのこと。「他人が恐いです。でも孤独はもっと恐いです」的な気持ちとの向き合い方について、投稿者の方との対話形式で考えていきたいと思います。それでは、いきますね。


私は35歳処女です。

幼い頃、親戚の6歳年上の男性に触られてから（股間を足で踏まれたりしました）、男性が怖くて仕方なくなりました。小学校6年間ずっと2人の男子にひどくいじめられ、高学年

の時の男性担任教師に目の敵にされて嫌がらせをされ（クラスで起こった問題は、何の関係もなくても全部私のせいにされたりしました）、男性が本当に嫌になり、中学から女子校に進学しました。

その女子校で女子からひどいいじめを受け、呼び出され罵倒され無視され教科書に落書きをされ、更に毎日のように電車の中で痴漢にあって下着の中に手を入れられたりスカートを切られたりしていました。

現在もその恐怖感から脱せず、男性も女性も怖くて怖くて仕方ありません。

わあ…………。そら怖いわ。
あれ、でも、わたしだって女性なんだけどな？　それなのにお話しくださったのはどうしてかしら、と思って続きを拝読しました。こういうことだったんですね。

大人になって、仕事などで男性や女性と話す事はできますし、会って遊ぶ女友達も少数ですがいます。

なるほど。人と話せる、友達と遊べるところにまでたどり着かれた。それにしたって……。

しかし仕事相手でも女友達でも、下ネタや性的な話になると、恐怖感が抑えきれず、頭の中が真っ白になってしまいます。

思い出したくないことは、思い出したくないですよね。

恋は、した事がありません。男女ともにいいな、素敵だなと思う人がいても、恐怖の方が先に来てしまって、気持ちがそこまで行けません。

なんとかしたい！　と思って友達に男性を紹介してもらった事もありますが、その方達にとても非常識な事をされてしまい、恐怖が増すばかりでした。（何故そんな事をされたのかは、わかりません。私はその方達に楽しんでもらおうと思って、とても気を使って接したのですが…）

なんとかしたい！　と思って行動されたのだということ、そこに、わたしは敬意を表します。罵倒、無視、教科書への落書き、下着に手を入れるといったことは、わたしにとっては「いじめ」とか「痴漢」という表現じゃ軽すぎる。暴力です。暴力、つまり、力を制御できず暴発させてしまう人にも、その人なりの弱さがあり、つらさがあるのでしょう。

ですが、暴力をふるう側にどんな事情があろうとも、ふるわれる側にしたら「しらねーよ」って話だものね。

私は、自分のセクシャリティもわかりません。

友達がみんな、結婚したり、妊娠・出産したり、彼氏ができたりして、幸せそうにしているのを見ると、いい歳して幼い頃の事から脱せていない自分が、誰ともそういう関係になれない自分が、惨めで情けなくて仕方ありません。

私はこのまま一生、誰かと触れ合ったり、誰かと愛し愛されたり、家庭を築いたり、子供を持ったり、そんな幸せを知らず、怯えながら一人で生きて行かなきゃいけないのかと思うと、辛くて辛くて涙が出ます。

どうすればこの恐怖感や、惨めさから逃れられるのでしょうか。


もう、投稿者の方は、そっちに向けて歩いていらっしゃる途中だってわたしは思いましたよ。

幼い頃に背負わされた荷物って、多かれ少なかれ、誰にでもあると思います。

身の回りのお友達が〝結婚したり、妊娠・出産したり、彼氏ができたり〟すると、そりゃ、〝幸せそうにしている〟ように見えるかもしれません。周りも「幸せなんでしょ？」って目で見るもんね。

だけどその方々もきっと、なにか背負っていらっしゃるんだと思うんです。そしてその重さは、本人にしかわからない。Facebookとかではわからない。また、同じような荷物を持ってみたとしても、強い人には軽いし弱い人には重いんだから、「私も我慢してるの。あんたも弱音吐くんじゃないのよ！」とか「アフリカの子ども達はあなたよりもっと大きなものを背負わされ苦しんでいるのです！」とか言うような話でもない。

歩き出すためには、自分を他人と比べるのをやめることが手始めかな、って思います。みんなそれぞれ、荷物を背負って、ぞろぞろぞろぞろどっかに歩いてる、そうやって生きてるんだもの。

わたしもたまに、〝ふつうに男女で恋愛・結婚・出産・子育てできる人がうらやましいな〟って思います。妬ましくもなります。でも、「幸せなんでしょ?」って言うのをやめて黙って聞いてみると、ほんと、みんないろいろあるのよね。

「子どもを愛せないまま良い母親を演じている」

「妻がたまに寝言で元夫の名前を呼んでいる」

「ママ友サークルからハブられるのが恐い」

あなたは一人じゃないからいいよね〜、と思ってわたしが眺めていた人は、一人じゃないにしても独りだったんです。

そういう中で、「あーもーこんな荷物背負ってらんない!」ってなって、人は人に荷物を投げつけることで——罵倒、排除、性暴力、クソみたいなリプライなどで——発散したりするわけですが、投稿者の方は、どうも、それをなさらなかったらしい。すばらしく建設的なことだと思います。人間含む社会的動物の世界では、強いやつが弱いやつを殴る→もっと弱いやつを殴る→もっと弱いやつを殴る→(エンドレス)みたいな不毛なループが起こりがちなので。そのループを知性と理性によって絶つことができる、それが人間の強みというものでしょう。

でも、誰かに荷物を投げつけないとなると、どうなるか。誰かを犠牲に一時的にスッキリすることすらなく、荷物を背負い続けないといけなくなるわけよね。だから〝いいな、素敵だなと思う人がいても、恐怖の方が先に〟来てしまう。荷物が重くて歩み寄れない、素敵な人が見えているのに。

それじゃあ、どうしましょうね。

ちょっとずつでもいい。休みながらでいい。歩き続けることだと思います。何度繰り返しても人は多少恐いし、どこまで歩いても過去はなかったことにはならないし、やがて誰かと手を携えてもきっとどこかしら寂しいと思います。だって人は、たとえ手をつないだって、ふたりでひとりになれるわけじゃないんだもの。別々の荷物を背に、別々の道を来た、別々の人間なんだもの。

それでも、歩けば歩くほど、自分の荷物の楽な背負い方がわかってくる。気づけば前より景色が良い。それに、思い出すことができるんです。「この先にも道は続いてる」って。今みたいにひとりで歩きつづけなきゃいけないのかと怯えてしまうこともあるでしょうけど、歩いてみなくちゃ、わからないじゃない？

わたしも、いつか自分は独居老人になるかもなと思って、ご近所に一人暮らしで、地域の社会福祉協議会に「訪問に来てほしい」と登録していらっしゃる人生の先輩方のおうちへたまにお邪魔するのね。そしたらこないだ、わたしの3倍くらい生きていらっしゃる女性から、こんなお言葉をいただきました。

「すべてのことは、なにかの途中よ」

ねえ、わたしは、わくわくしちゃったの。さんざん傷つき、傷つけられても、いつか振り返って、「ああ、あの子もわたしもここまでくる途中だったんだな」って思えるところまで歩けるなら、そこ、きっとめっちゃ絶景だろうなって！

そこまで歩いていくのに、誰かと手をつなぐ人もいるし、つながない人もいる。恋愛やセックスをする人もいるし、しない人もいる。でも、みんな荷物を背負って、自分の足で歩いていくんだってことに変わりはないんだと思うんです。

だから、他人と比べないで。「幼い頃の事から脱せていない」と思える現在も含めて、ここは、きっとね、なにかの途中なんですよ。


（２０１７年２月掲載）

# 僕の彼女に好きな女性ができました

誰にも会いたくないけど、誰かと話したいときって、ありませんか？

人づきあいはしんどい、だけど、なんか寂しい。そういう日があるって人は、わたしだけじゃないと思ってるんです。あなたとわたしの「そういう日」を、cakesの画面越しに、なんとなぁく、遠回しに、でもちゃんと通じ合えたらなあと思って、いつも書き、ご投稿を読んでいます。もちろん、連載でとりあげきれないご投稿も含めてね。

そういう時、いつも読んでくださる方や投稿者の方の顔を思い浮かべているんです。だけれど、今回のご投稿からは、なぜかある動物のイメージが浮かんでしかたありませんでした。今回ご紹介するのは、彼女に「好きな女性ができた」と言われ振られた、という男性の方からのご投稿です。


最近彼女に「好きな女性ができた」と言われ振られました。

別れる口実とかではなくほんとにそーみたいです。

最初は状況が理解出来ず何を信じていいかわかりませんでした。

振り返ってみるとやはり僕にも何かしらの原因があるような気もしてきました。

別れる時僕以外の男には触れられることも嫌で僕とでもキスなどはそんなに好きではないと言われましたがそんなことも別れる時まで気付いてあげられず、嫌なのに無理に強要していたのかと考えると辛いです。

彼女のことについて何もわかってあげられず、理解もしてあげられず、無理に強要し苦しめてしまっていたと考えてしまい罪悪感でいっぱいで今でも後悔しています。

僕はどうしたらいいのでしょうか？

このままでは好きな人もできる気もしないしそれよりも僕は人を好きになる資格なんてないと考えてしまいます。

彼女とまたよりを戻したいと考えていましたがたぶん不可能なので、せめて彼女を傷つけないように罪悪感を与えないように申し訳ないという気持ちだけでも伝えたいです。


ご投稿ありがとうございます。正直、一行目を読んでわたしはすごく身構えました。こういうふうに「彼女に好きな女性ができた」「好きな女性に『自分はレズビアンだ』と言われ振られた」というご経験をなさった男性の方が、わたしに対して「同性愛は社会に広めるべきじゃない、表に出るな‼」みたいなこと言ってくるケースが今まで何回も何回もあったからです。

そういう方って、他人を殴ることで自分の痛みから目を逸らそうとしてるんだと思うのよね。だけれど、あなたはそれをなさらないんですね。むしろ、読んでいるわたしの胸が痛くなるほどご自分を責めて、「罪悪感でいっぱい」「申し訳ない」とまでおっしゃる。

なんてお優しい方なのかしら。「他の男には触られることも嫌」という相手の女性の方が、それでも投稿者の方とはお付き合いしていた理由が、この短い文章からでも伝わってくるような気がします。

そんなあなたに触られることもキスされることも、きっと相手の方は「強要されている」とは感じていらっしゃらなかったんじゃないかしら。むしろ「好きな人とキスして嬉しくならない自分はおかしいのでは」みたいな形で、自分で自分に対して強要しつづけていたものを、あなただから気づけたし、あなたになら話せたのだろうとわたしは推測します。人は、何かを強要してきた人に、なかなかそこまで心を開けないはずだからです。

**勝手なイメージなんだけれど、サイの姿が思い浮かびました。**

サイって、あのおっきな角のあるサイね。動物のサイです。

サイって、天敵がいないんですってね。それはケンカが強いからじゃなくって、ライオンに噛まれても大丈夫なほど皮膚が硬いからなんだそうです。オスはメスよりも2倍近く体が重く、争いを嫌い、特にメスに角を振るうことはまずないと動物園で聞きました。

**サイの恋って、どんなでしょうね。**

あんな角があっては、じょうずにキスもできないでしょう。むしろ、向かい合っただけで相手を恐がらせてしまうかもしれません。ざらざらの硬い皮膚越しに好きな人と寄り添い合うのは、まるで脱げない鎧を着て抱きあうみたいに孤独な感覚だろうと思います。あの小さな小さな黒い瞳は、ほとんどなんにも見えていないんだそうです。

ひっくり返ったカメを角で助けてあげても、カメのほうは「角でつつかれた！」と思うかもしれません。あんなにやさしい瞳に気づきもせずに、みんなが角ばかりを見てしまうのですね。

でもそれって、サイのせいじゃないですよね。
っていうか、誰のせいでもないんですよね。
サイは、ただ、サイなんです。
それだけなんですよね。

**あなたのご投稿を読んで、自分を責めるサイの姿が思い浮かんだんです。**

投稿者の方は「彼女のことについて何もわかってあげられず、理解もしてあげられず」っておっしゃるけれど、それこそがお相手を理解しようとした証なんじゃないでしょうか。彼女についてわかっていなかった部分があるのは、あなたが鈍いからじゃありません。彼女をわかろうとしたからこそ、わかっていなかった部分が見えてきたんです。

だって「俺は彼女のこと全部理解してるから」とか言ってる男、「ほんとかよ」って思うじゃない？　それ、「理解してるから」って言ってる時点で、それ以上理解しようとすることを放棄してるじゃない？

**あなたは、サイみたいにやさしいと思います。**

「俺はこんなにわかろうとしたのに、なんでお前はわかってくれないんだ！」みたいなことをしないし、「レズビアンは男を裏切るクズだ！」みたいなこともしない。そういうふうに、他人を痛めつけることで自分の痛みから逃げるようなことをしない。それって、すごく強いことだと思います。大きな角を振り回すことじゃなく、分厚い皮膚で身を守ることで、天敵もなく平和に暮らすサイみたいなやさしさをあなたからは感じるんです。

そんなあなたに「申し訳ない」なんて言われたら、きっとお相手はご自分を責めてしまうんじゃないかしら。相手の女性の方のお気持ちは、ご本人にしかわからないけれど、もしわたしが同じ状況だったとしたら、「こんなやさしい人をわたしは傷つけてしまったんだわ！」ってなっちゃいます。

今はどうか、ゆっくり休んでください。痛くて痛くて、歩ける気もしないかもしれないけれど、自分で自分の傷をえぐるようなことはしないでほしいなって思います。テキトーにやってた恋だったら、そんな痛みもないはずです。相手が傷ついたかどうかも気になるかもしれないけど、自分の傷のほうだって、どうか大事にみてあげてくださいね。

（2015年9月掲載）

# 私の彼女に彼氏がいます

愛は、……恋愛に限らず、人と本気で向き合うことは、自分の中にごちゃごちゃに散らかしたままでいたことを、思い切って整理するきっかけをくれると思います。

今回は、「彼女に彼氏がいる。でも別れたくない」とおっしゃる方のご投稿をふまえ、「愛すること」と「執着すること」をどう分別整理するか考えていきたいと思います。

牧村さん。こんにちは。いつも連載拝見させていただき、励みにさせていただいております。

今、私には彼女がいます。私は関東、彼女は関西に住んでいる、遠距離恋愛です。遠距離恋愛というだけでも少し悩みですが、それ以外にも私たちの関係には問題があります。それは、彼女に彼氏がいるということです。

彼女と彼氏は4年間付き合っており、トキメキを感じるような仲ではもうないようです。けれど彼女は彼のことも愛しており、家族や親友のような存在であるため別れて縁を切るという考えはないようです。彼女は私のことも愛していると言ってくれていて、彼と性的接触をもってほしくないという約束も守ってくれているようです。

彼女の中では1番も2番もなく、それぞれが唯一で失いたくない大切な存在という認識のようです。けれど私は約束を守ってくれているという言葉すら信じられないし、彼女の私への愛も信じることができません。私の中の価値観では、やはり1番、2番という区分が明確にあるからです。そのため、月に1度以上の頻度で喧嘩になってしまう始末です。

現在付き合って約1年になりますが、このまま喧嘩が続くようであれば付き合っていても意味がないのでは、と思います。私はやはり私だけを愛して欲しいし、彼氏がいるのに私と付き合っているというのは虚しく感じます。

彼女はいずれ彼氏とは結婚するつもりだし、親の為に子供も産むかもしれない。という考えでいます。そのことも私はとても嫌です。けれどまだ彼女のことを好きだし、別れたくはありません。もうどうしたらよいのか分からず、ずっと苦しい状態が続いています。もしよろしければ、アドバイスをいただければ幸いです。

別れましょう。

自分を大切にしてくれない人からは離れて、自分で自分を大切にしましょう。

いや、投稿者の方が「好き」とおっしゃるそのお気持ちを否定したくはないんです。けれどね、ちょっと、あの……、……うーん。って思うんですよ。それ、本当に、「好き」、と呼ぶべきものでしょうか？

ご投稿文に書いてくださったことを拾い上げましょうか。

「信じることができません」
「虚しく感じます」
「彼と性的接触をもってほしくない」
「(彼女が彼氏と結婚・出産するというのは) とても嫌です」

わたし個人の言語感覚では、こういう気持ちを「好き」とは呼ばないことにしています。これが悩み相談の文章であることを差し引いて考えても……こういう、決して明るいとは言えない感情を、「好き!」っていう仮面で覆い隠してしまうことは、心の健康上やめたほうがいいことだとわたしは思うの。

では、なんと呼ぶか。

わたしはこれ、「執着」と呼んだほうがいいんじゃないかと思うんですよね。

「好き」と「執着」は、混同しがちなものです。また、自分が「好き」だと思っている気持ちが「執着」であると認めることも、とてもとても勇気がいることです。でも、だからこそ、勇気を持って前に進みたいとわたしは思う。あなたにもあなたの価値観があるでしょうが、わたしは「好き」と「執着」をこのように整理します。

「好き」は受容。
「執着」は我慢。

「好き」は信頼。
「執着」は猜疑《さいぎ》。
「好き」は自立的。
「執着」は依存的。
「好き」は、求めないこと。
「執着」は、求めること。
「好き」は、相手をもっと好きになりたい気持ち。
「執着」は、自分がもっと好かれたい気持ち。
「好き」は、自分も相手も自由であることの喜び。
「執着」は、相手が自分の思い通りにならない憤り。
そして、究極的には……
「好き」は、ひとりでもできること。
「執着」は、ひとりになれないからしてしまうこと。
……なんじゃないかなあ、って。

一度、ひとりになってみませんか。相手を、本当に好きでいたいなら。
例を出しましょうか。わたし、高校の時、倫理の教科書でキルケゴールっていう哲学者のことを知ったのね。最初は「かっけぇ名前だな」くらいにしか思わなかったんだけど、あとからキルケゴールの人生を知って、「キルケゴール先輩……」って思うようになったの。

キルケゴールには、本当に本当に大好きな女性がいました。お付き合いのすえ、婚約にまで至った。だけれども、自分の持病や暗い過去なんかを気に病んだのか、自ら婚約を破棄してしまったのね。なぜなのかは本人にしかわからない、もしかしたら本人にもわからないかもしれないけど。

そして、生涯独身を貫き、たったひとりで彼女のことを愛し続けたの。毎週日曜、教会の礼拝で見かける彼女に、だまって会釈をして。やがて彼女が別の男と結婚し、年を重ね、最終的には夫と海外に旅立っていってしまうまで、彼女の姿を、ずーっと、ずーっと見守り続けたのね。1849年8月24日、キルケゴールは自らの手記にこう記しています。

**「彼女と共にある幸せより、彼女のいない不幸の中でこそ自分はより幸せになれるのだと言わなければならない」**

ひねくれ者だな〜、って言っちゃえばそれまでなんだけど。わたしは、キルケゴール先輩の言ってること、こういうふうに解釈しているんです。

**「彼女と愛しあわないと幸せになれないって思い込む弱い自分でいるより、ひとりでも彼女を愛し抜ける強い自分でいたほうが確実な幸せをつかめるんだ」**って。

ひとりになれなくてふたりでいたがる人より、わたしは、たったひとりきりでもひとりの人を大切に愛し抜ける人でありたい。相手のことを信じられずに、「あれをやらないで！　これをやらないで！」って、好きだったはずの人が好き勝手できないように言ってしまうくらいなら、わたしはひとり、愛の修行に出ることにします。そのほうがよっぽど、好きでいられると思うの。相手のことだけじゃなく、自分のことも。

「ひとりになれなくてふたり」から、「ひとりきりでも人を愛せる」までいけば、たぶん、もっと自分を好きになれますよ。そして、自分の人生の主導権をちゃんと取り戻せます。「私だけを愛してよ～‼」じゃない。「いったいこの人は、私が愛し続けるに足る人物かしらね？」って。

相手の方、結婚を考えている彼氏さんには、自分が女性とも交際していると伝えているんでしょうか？　それとも隠しているのかしら。わたしは、投稿者の方のことを、こんなに一生懸命に苦しみながらも人を好きでいようとしている投稿者の方のことを、恥ずかしいものみたいに隠して欲しくもないし、「彼女がいる私を受け入れてよー！」みたいに押しつけて欲しくもないわ。「どっちも失いたくないよー」って、人をモノみたいに言わないでよ！　ってわたしなら思っちゃう。「ひとりになれなくてふたり」どころか、「ひとりになれなくて不倫」ですよ、このままだと。そういう彼女の弱さも受け入れて愛し続けるのか、そういう彼女の弱さを我慢して苦しみ続けるのか。はたまた、いまだ知らぬ誰かに会いに旅に出るのか。あなたの人生の主導権は、あなたにあります。あなたは、あなたを大切に、手放さずにいてくださいね。

（2017年9月掲載）

# 人からの好意を、気持ち悪いと思ってしまうんです

真剣な悩みを「自虐風自慢」で片づけられるの、脱力しますよね。今回ご投稿くださった方も、そういう目に遭っていらしたみたいです。ご紹介するのは、「人から好意を向けられると気持ち悪いと思ってしまう」というご投稿です。


私は19歳の女、異性愛者です。人を好きになったりもしてきました。

そんな私ですが、人に好意（恋愛感情に限らず）を持たれると気持ち悪さを感じます。

自分から好意を持った相手でも、友人でも、男女関係なくあからさまに言動に出されるととにかく嫌いになります。

今までネットで調べてみたりもしてきましたが、「私も昔はそうだった」「自分に自信がないからでは？」というものばかりで具体的にどうすれば〝今〟直るのかわかりません。（自分の事は大好きなので自信のなさも当てはまりません！）

友人に相談した時は「自慢なの？」「恋に恋してるの？」と言われて、違うけどどう否定をすればいいのかもわからず、黙ることしかできませんでした。

他人から見たら些細な悩みかもしれませんが、好意を持ってくれた相手を避けて傷つけ、

**自分も傷つき、と、私にとってみれば大きな悩みです。恋したい！　好かれたい！　彼氏だってほしい！　もし、「こんな事が原因じゃない？」「こんな風にしてみるのもいいんじゃないかしら？」っていうようなアドバイスがあったら教えてほしいです。**


ご投稿ありがとうございます。

たくさんの方に相談し、真剣に悩んでこられたのですね。

「自慢」「恋に恋してる」などと言われてしまっても、誰かに相談しようと思うことをやめない、ひとりで抱え込まない。あなたはきっと、他者に対する基本的信頼感をしっかり持っていらっしゃる方なのだろうとお見受けします。

すてきですね。

わたしもそうありたいなぁ……。

**……っていう種類の好意が、たぶん気持ち悪くなりがちなんですよね。**

すみませんね。わざとやったわけじゃないんですけど。

実はわたし、自分自身が他者に向ける好意を気持ち悪く思うことがあるんです。他者から自分に向けられる好意が気持ち悪いという投稿者の方と、なんだか鏡合わせのようですね。

どうして好意が気持ち悪いのかしらね？　言ってみれば好意ってものが、「他者をパーツにして自分の穴を埋めたい気持ち」だからではないかしら。


**人の奥の方には、静かに穴が開いています。**

話を聞いてほしい。

尊敬されたい。

強くありたい。

必要とされたい。

人のずっと奥の方には、それぞれの穴が開いているとわたしは思っています。いいことでも悪いことでもありません。生きていて、いろんなものにぶつかって、ぽこんと穴が開いてしまう。そういうことがただ起こる、それだけのことだと思っています。

**そういう穴を人は日々、なんとか埋めようと空回るわけですよね。**

話を聞いてほしいから、ついつい大げさなウソをついてしまったり。

尊敬されたいと思うから、見栄をはって肩書にしがみつこうとしたり。

強くありたいと願うから、自分より弱く見える人の前にぐいぐい出てしまったり。

必要とされたいって望むから、自分の能力を一生懸命にアピールしてしまったり。

そういう姿は、弱くて、カッコ悪くて、目を背けたくなってしまいます。


**その時に救いになるのが、他者ってやつだと思うんです。**

親身に話を聞いてくれる優しい人。

自分を尊敬してくれる素直な人。

自分の強さを認めてくれる人。

自分を必要としてくれる人。

パーツとしてちょうどよさそうに見える他者を使い、心の穴を埋めようとしてしまう。好意、っていうキラキラして見える光の中には、そんな闇が隠されていることがしばしばあるのではないでしょうか。

わたしはなんだか、「人に好意を抱かれると気持ち悪い」っていう相談をお友達になさっている投稿者の方に、好意を持っています。それは投稿者の方が「人のことを相談相手として信頼することができる（という人に見える）から」素敵に感じたという一面もあるのですが、それだけではなくて、わたしの心に「もっと人を、自分自身を信じたい」という穴が開いているのも関係していると思うんです。

**あなたをパーツに押し込めて、ごめんなさい。**

本当は知っています。

人って、もっと多彩な面を持っているはずですよね。

しかも、変わりつづけているんですよね。

わたしの心の穴の形をしたパーツに、人のことをぎゅうぎゅう押し込めては、その人の形が見えなくなってしまいます。それでもわたしは心の穴に耐えられなくて、都合よくパーツに押し込めてしまうんです。「あの人、キレイ！」「この人、私に優しい」……って。いくらパーツで補完したって、そこに穴は開いたままなんですけどね。

**これをやめられる自信は、今のところありません。**

でも、やめさせてくれそうな人ならいます。その人は、わたしには、ぴったりと心の穴を埋めてくれそうなまんまるな人に見えました。けれども実は、その人の心にも真っ暗な穴が開いていた。それをわたしに見せてくれたんです。

そうして好意が裏切られても、まだ知りたいと思う。この気持ちが、たぶん、愛でした。

人が人に好意を抱くときは、だいたい良いところだけ見ています。

しかもそれは、相手のためではなく自分のためです。

相手のこと、自分の心の穴を埋めるパーツ扱いしているんです。

でも、心の穴にぴったりくる人なんて絶対にいません。あなたの人生を生きているのは、あなたしかいないんだもの。だから好意はいずれ失意に変わります。気持ち悪いし、嫌いになるし、がっかりします。

それでも、その人をまだ知りたいと思うかどうか。

パーツとしてぴったり来なかったその人の形を、知ろうとしていけるかどうか。

そこが、好意を愛に育てられるかどうかの境目なんだと思うんです。

繰り返しますが、好意って大体気持ち悪いものです。好意って大体裏切られます。だからこそ、そこからふくらむ愛が貴いのだとわたしは思っています。

気持ち悪い、だけどもっと知りたくなる誰かのことを、ゆっくり愛してみてくださいね。

（2016年4月掲載）

# 女として扱われることを受け入れなければ恋愛できないのでしょうか

「そういうもんだよ、あきらめちゃいな、いちいち傷ついていないでさあ」

そうやって人に言い聞かせてくる人、自分の傷の痛みを麻痺させる薬を人にも飲ませようとしてるんですよね。傷つけてくるものに抗うことをあきらめて。傷が治らないままで。

「俺の女」で、「私の彼」で。所有しあいが、お付き合い？

「とりあえず付き合ってみなよ」

「まだわかってないだけだよ」

はい、みなさん男女ペアで愛し合ってくださ〜い！　って感じの社会。「国家の指定する範囲の年齢及び世帯収入の男女が一対一の排他的セックス関係を国家に誓ったらお金をあげますよ」【注1】という政策がマジで敷かれ、そんな今日この頃に生まれた子供たちが成長しているであろう10年後以降には「消費税上げなきゃね」。

正しい国民、正しい性愛。繁殖、お国を支えましょう〜。

っていう感じの繁殖場で、「やらされる」ことなく「やる」ことができるのか……なんて呼ぼうか、その、愛、ってやつを。

今回は、「〝俺の女〟扱いされることなしに、私は男性と個対個の関係を築きたいんだけどなあ」っていうおたよりを元に、考えていきます。金と労働力を搾り取られ性愛を囲い込まれ「それは社会に貢献できるのか？」を問われ続ける日々にあり、「所有」を「愛」と呼ばされる力に抑え込まれず、やれるのか、愛？　って、話を。では、おたよりの紹介からまいります。

私は女性です。元々、恋愛に興味はありませんでした。自分が女であると強く意識したこともなければ、女らしく振る舞うのもあまり好きではありません。

しかし、ある時知り合った男性から告白をされました。私はその人へなんの感情もありませんでした。友人に相談すると、とりあえず付き合ってみたらいいじゃんと言われ、当時自分がなかった私はそのアドバイス通りに告白を受けました。結果は、地獄でした。

知り合って数回会った段階で付き合ったので、まだお互いのことなど知りません。なのに、相手の人は私のことを好きな女、と言ったり、電車の中で頭を撫でてこようとしたり、ホテルへ連れて行こうとしました。会話も、相手の武勇伝ばかりで私の話は流されてばかりで、お互いの誕生日も好きなものも知らないままでただただベタベタと甘ったるい言葉を言われる日々でした。そんな調子なのに、「君は俺に似ていると思った」と言われ、それも今までの全てもとても気持ち悪く、この人は私が好きなのではなく、自分の中に作った自分が思っている女の私を愛でていて、女であればセックスがしたいんだなと感じました。

友達にもうしんどい、女として扱われるのが辛いと相談したら、そんなもんだよ、それにたかがセックスじゃんと言われ何がなんだかわからなくなってしまいました。

それからすぐ別れ、今度からはちゃんと個人として関われて男女というより友達みたいな関係を築きたいと言ったら、それじゃ付き合ってる意味無くない？　理解できないと友達だけでなく同僚にも言われてしまいました。

そもそもは私が悪いです。興味もないのに付き合って、勝手に傷付いているのだから、相手を見ていないという点ではその付き合ってた男と同じなので、確かに似ていたのかなと思いますが、自己嫌悪と性への嫌悪感でいっぱいです。

性的なアピールや関係がなければ、付き合っている意味ってないのでしょうか？　女として扱われるのは喜びで、それを気持ち悪いと思った私が異常なんでしょうか？

登場人物全員傷ついてる話だと思いました。痛み止めにしたかったはずの言葉が、また別の人を傷つけている。

「とりあえず付き合ってみなよたかがセックスじゃん」フレンド。

「君は俺に似ていると思った」ボーイ。

その人たち、一見、何ていうか、「うまくやれてる人たち」に見えると思うんですよ。「あれ、世の中そういうもんなのかな、それをやれないこっちがおかしいのかな？」みたいな。そんで「私が異常なんですか？」って、おたよりをくださったんですよね。

まず最初になんですけど、わたしはあなたに「異常じゃないですよ」とか言わないです。異常とか正常とか、付き合ってる意味がどうこうとか、わたしが口出すことじゃないんだもん。

だからなんだろう、「異常じゃないですよ」とかなんとかわたしが外から言うんじゃなくて、あなたに「自分は異常なのだろうか」と思わせたフレンドとボーイのことを想像したいなって思ったんですよ。

「自分は異常なのだろうか」って悩んでる時、人間「正常なみんなvs異常かもしれない自分」という構図でものを見てしまうからね。ポツンとしちゃってつらいでしょ。

なので、わたしね、正常にうまくやれていそうな感じの人たちの中で立ち尽くしてしまったら、一人一人をようく見てみることにしてるんですよ。「みんな」の群れを見て自分を嘆くのではなく、一人一人「その人」に着目する。「みんなvs自分」という構図を意識的に脱し、自分という知覚デバイスで「その人」を知ろうとする。そうすると、「あー、けっこう頑張って正常やってんだなー」ってことがわかったりするから。もともと正常やれてるんじゃなくて。

ともあれこれは文章による相談であり、おたよりに登場する方々に直接会うことはできないので、並んでいる言葉をヒントに想像を巡らすほかないのですが。「その人きっとそういうことよ(ビシッ)」ってやるんじゃなくて、「その人はこうなのかもしれないな〜ってこうやって考えられるじゃん」という例として、ちょっと書いていきますね。おたよりに登場する、その人と、その人のことを。

まず、「とりあえず付き合ってみなよたかがセックスじゃん」フレンド。

投げやりだな？

「付き合ってみなよ」

「そんなもんだよ」

「たかがセックスじゃん」

これ全部「どうでもいい、もうあきらめた」の言い換えに聞こえるんですよわたし。あきらめるって何をかと言うと、「付き合うというテイで自分の体の性的領有権を明け渡すこと」について。

友達、あなたがその男の人になんの感情もないんだってことを知っていたんでしょ？　それなら友達はあなたに、「なんの感情もない相手ととりあえず付き合ってセックスしろ」って言ってるに等しいですよね。しかも、自分の体のことじゃないのに。あなたの体、あなたの選択のことなのに。


わたし、なんだろう、まずその友達が**自分の体をあきらめちゃっている**んじゃないかなって感じました。形なき怪物に体を食われながら「えー、ちょっと食われるだけじゃん。抵抗すると余計痛いよ。あきらめたほうが楽だよ。どうせこういうもんなんだからさあ」って言ってるみたい。

そうやってあきらめてる人にとって、自分の意思を持つ人ってね、面倒くさいんですよ。目障りなの……「ああ、私だって痛いんだ、本当はあきらめたくなかったんだ」って思い出しちゃうから。「あなたが痛がると私まで私の痛みを思い出しちゃう、私たちまとめて痛みに苦しむかわいそうな人だと思われちゃう、私は平気だったのに、平気な顔できてたのに！」って。だから、人の意思を邪魔扱いする、片付ける。「そういうもんだよ」。それが、あなたが自己意思で相手と別れたのを目の当たりにさせられて、もっと強い言葉になっちゃったんでしょう。「意味なくない？」。

それらの言葉は全部、わたし、その人のためにその人が常用する言葉の麻酔薬なんだと思います。「とりあえず付き合ってみなよたかがセックスじゃん」。どうでもいいって顔をして、麻痺することでやり過ごす。痛みを消しても、傷がある。見たくないから、人に飲ませる、感覚鈍麻の言葉の麻酔。痛いと言ったあなたの声に、呼び起こされちゃいそうで焦ったんじゃないかな、自分の痛みまで。

続いて、「君は俺に似ていると思った」ボーイ。

なんなんだろうね、あの、ヒロイン守らなきゃヒーローになれないと思っているボーイズ。「当方ボーカル、俺以外全パート募集！」みたいな俺様ヒロイズム恋愛するボーイズ。かわいいアホ男子ねえ？　という気持ちで愛でて駆け引きを楽しむお姉様方もおられることとは思いますが、**「お互いの誕生日も好きなものも知らないままでただただベタベタと甘ったるい言葉を言われる日々」**。

これはきついな。俺のＳＴＯＲＹに登場する彼女役にされただけじゃん。「君は俺に似ていると思った」ってそらそうやわ、**俺くん、「俺」しか見てないんだもん。**

俺くんの痛みは「弱さを知られたらナメられて死ぬと思ってること」だと思う。だから必死に武勇伝アピってきて、お互いをわかりあおうとする系の話題を流すんですよ。人前で頭撫でようとしてきたり、ホテル行こうとしてきたのも、「女をモノにしている強い俺」になるためですよ、いっぺん寝た女じゃないと「俺の彼女」として男友達に紹介できないんだと思うね。そうして

「お前らと同じように彼女がいる俺」にならないと、男友達コミュニティでナメられて死ぬと思ってるんだと思う。
「とりあえず付き合ってみなよたかがセックスじゃん」フレンド。
「君は俺に似ていると思った」ボーイ。

食われる痛みを、狩れて食える獣になれなければナメられる痛みを、それぞれ自分の言葉で麻酔して、ここはまじでサバンナ。麻酔食らってなんとか生きていく人もいますよ。でも、痛みも含めて生命をやりたいなら、あなたは麻酔を飲まされなくていい。「そういうもんじゃん」ってあきらめさせられなくていい。たかがセックスなんかじゃない、お互い誕生日も好きなものも知らんし知ろうとしてこんような相手とはホテルに行かない、いやなものはいやだと言うんだ、痛い時は痛いと言うんだ、自分で決めるんだ、自分の体を投げ出さないんだ。

って、決めて生きてたら、ね。
愛、あきらめないでいられます。決めたんだもんね。あきらめないって。麻痺させないって。

（２０２０年９月掲載）

## 「付き合えば恋愛がわかるかも」感

耳ざわりのよい肯定が、スマホの画面を流れていきます。

「ありのままでよいのですよ」

「そのままのあなたでよいのですよ」

「そういうひとはほかにもいるのですよ」

いつしか、それればかりを求めてしまう。

誰かの決めたハッピーエンドに向かわされるのではなく、自分の人生の物語は自分のペンで書いていきたいわねっていう人生相談連載「ハッピーエンドに殺されない」。今回は、「好きとか愛してるとかよくわからない。付き合えばわかるかなと思ってとりあえず付き合っちゃう」というご投稿です。

この連載がただただ「ありのままのあなたでよいのですよ」肯定を提供するコンテンツであれば、まあ、こんな感じに答えたのかもしれません。「わからなくてよいのですよ。世の中には他者を恋愛や性愛の対象としない人々もいます。あなただけじゃないから大丈夫。あなたはあなたらしく、あなたを大切にしてくださいね……」

それを期待されているのかもしれませんが、わたしは、やりません。

他者からの「それでよい」を与えられることを待つばかりでは、自分での「これでよい」を求めにいくことができず、結果、都合よくコントロールされてしまう人たちばかりになってしまうので。

人生相談を書き続けて7年目。この頃はこんなことを自分に課しています。「なまぬるい『そのままでよいのですよ』を提供しない。思想の依存関係を断ち切り、読者が求める答えそのものではなく、読者が答えを求めて一人で歩いていく旅に役立ててもらえる材料を書く」。

今回は、「わかりません」に「わからないままでよいのですよ」を言わず、「どうわかろうとしていこうか」を考えるお話です。以下、おたよりです。

誰かを好き、愛してるという感情がよくわかりません。今まで仲良くなってこの人といたら居心地が良いなという気持ちになったことはありました。ですが、相手に告白された時自分も相手のことを同じ意味で好きかわからず、でも告白されたことで嬉しいと思ってしまい流れで付き合ってしまうことが多いです。

付き合っているうちに、相手との気持ちの差を実感し、次第にLINEなど返信するのが億劫になったり、気持ちが重いと感じてしまい最後は酷い終わり方をします。

それなら最初から付き合わなければいいと思うのですが、今回こそは好きという感情が分かるかもしれないと思ってしまってOKしてしまいます。

自分から告白したことは1度もありません。一緒に居て楽しい、好きかもしれないと思う人はいましたが、恋愛となると必ず億劫になってしまったと思います。

**人生のパートナーは欲しいと思いますが、恋愛になるととてもめんどくさいと感じます。時間が経てばそれが楽しいとわかるようになるでしょうか。**

まずお伺いします。

眠れていますか？　食べていますか？　面倒くさいと文句を言いながらもLINEを使い続けていませんか？

おたよりを拝読してまず思ったのがこれです。「心配。」

「よくわかりません」から始まるこの文章には、「億劫」が二度出てくる。そして、「わかりたい」という意思は感じられない。「わかるようになるでしょうか」で結ばれる。

あなたはおそらく、わかりたくないんですよね。**わからないままで大丈夫だと思いたい**。けれどなんか大丈夫じゃない感じがするから、「わかるようになるでしょうか」と、自分じゃない誰かに求めた。時間に。牧村朝子に。あなたに告白してきた人に。

ここまで主体性を奪われる、気力を奪われる、何もかも億劫だと思ってしまう、自分じゃない誰かに委《ゆだ》ねてしまう、というのは、「おたよりに書かれていないところで何かある」としか思えないです。根本的にあなたは、あなたがそのようにあることを、あなた自身で大丈夫だと思えていないのではないですか。

もし、そうだとしたら。

わたしは、**あなたから主体性を奪うものに怒ります**。

他人から主体性を奪うのはどういう人か。それは、自分の考えを相手に「選んでもらいたい」と思っている人ではなく、「選ばせたい」と思っている人です。具体的に言うと、「そんなんじゃ異性に嫌われる！」みたいな広告でものを売って平気な人です。「人間は普通恋愛して結婚して家族を築くものだ」みたいなことを言って人の人生に口を出す人です。自分の考えが「選ばれる」ためには、質を高め続けなければならない。けれども「選ばせる」には、人を脅せばいいだけなんです。だから、よっぽど楽なんです。自分のまだまだな部分と向き合わなくていいから。

巻き込まれてたまるかよって思うんですよね。

**「時間が経てばわかるかも」**
**「付き合ってみればわかるかも」**

今回おたよりをくださった方も、はっきり申し上げますが、逃げていますよね。あなたがあなたであることから。「よくわからない」自分を大丈夫だと思わせてもらいたいだけで、「わかりたい」とは思っておられない。だからそうやって、「付き合ってみればわかるかも」なんて、「わかる」ために相手を使ったんです。それも、あなたに、おそらくは真摯な気持ちで想いを告げてきた相手を。寂しいことだと思います。

ＬＩＮＥを返すのが億劫なら、やめるのはその人との付き合いではなく、ＬＩＮＥのほうだとわたしは思いました。実際にわたしはＬＩＮＥを削除しました。きちんと関わりたい人とは、きちんとビデオ通話の約束をします。「でもバイトの連絡に必要だから……」とかいろいろ言いながらＬＩＮＥ疲れについて文句を言う人はいますが、じゃあ、バイトの連絡にだけ使えばいいんだと思います。文句を言いながらも続ける、誰かに与えてもらおうとする、そういう態度の人間になりたくないのなら、やりたくないのに続けさせられてしまっていることをきっぱりやめることです。

主体性を取り戻すことです。そして、休むことです。億劫とか面倒とかいう感情をわたしは自動ブレーキだと思っています。何かをなすための気力や体力や時間が足りない時に、人に無理をさせないために機能するものなんです。どうか、休んでください。走りたくないのに走らされていたエンジンの熱が落ち着くまで。


以上、根本的に、「このままで大丈夫だと思わせてほしい」感から離脱することについてのお話でした。


ここからは、「わかりたい」場合のお話です。

ちなみに「恋愛がわかる」とは、「恋愛をする」という意味では全くありません。

日本語世界では、「理解」が「同意」の意味で誤用されます。

例えば「国民のご理解をいただきたい」と言っている政治家は、要するに「同意してくれ」と言っています。これをわたしは完全に「誤用」と言いきります。あれ、ずるいです。理解は、同意ではありません。理《ことわり》を、解《かい》する。つまり、どのような仕組みになっているのか分解して一つ一つ確かめるというプロセスです。そう、プロセスです。物事を理解しきることは、基本的にはできないと思っています。だからといって諦めるのではなく、わかろうとすること。それが、仕組みに組み込まれない態度だとわたしは思っています。

というわけで、「恋愛」についてわかろうとしてみましょう……つまり、恋愛と呼ばれているものを行うことに同意するのではなく、恋愛という概念がこの社会にどのように組み込まれていったのかを分解して確かめていってみましょう。

実際問題、恋愛について、「時間が経てばわかるかも」「付き合ってみればわかるかも」と思わせてしまう仕組みがこの世にはあると思います。この世、国民を恋愛させて結婚させて繁殖させて次世代の国民を産ませて繁栄させるゲームシステムで回されてるみたいなところがあるので。

要するに言いたいことはこれなんですよ。

「みなさん、都合よく繁殖してください」

様々な文化圏で、性欲をきれいきれいにラッピングし、性関係を長期的なペアの間だけに限る試みがなされました。日本語圏の場合、めっちゃざっくりまとめるとこうです。

## ●日本語圏の〝恋愛〟を巡る概念史

太古：性を神聖なものとした（陰陽石信仰など）
古代：仏教伝来。性欲、また、性欲を惹起《じやつき》する女性そのものを穢《けが》れとしはじめた
中世〜近世：仏教用語で感覚全般を意味する「色」を、小粋にエッチって言う表現として採用
開国期：キリスト教道徳を基幹とする列強諸国に先進国として認められたいので、一夫一婦制をしき、「われわれセックスしてますけどこれは宗教的な罪である姦淫とは違うんです！愛なんです！　そう、愛、ＬＯＶＥ！」という感じを「恋愛」と命名して輸入

要するに、海の向こうの大国のご機嫌を伺い続けてきたんですね。仏教国に認められたいとか、キリスト教国に認められたいとか。こういう経緯からわたしが学び取った教訓はこれです。

「与えてもらうのを待つ態度だと、人は答えを与えてくれた人のところにとどまってしまう」

わからん、わからん、海の向こうのおっきな文明助けて〜〜！　ってやってきたけどそこに答えそのものはないんですよ。自分から答えを求めに行って初めて自分の道が開ける。個人の人生だって同じです。時間が経ったらわかるかも、この人と付き合ったらわかるかも、って、自分から求めに行かずに与えてもらおうと思う態度を世界に対して繰り返そうとはわたしは思わない。だって、誰かに都合のいい人になるから。

だから、「恋愛」の構造を見抜こうとすることです。それをやるにあたってわたしが読んできた本はこのへんです。

●『恋愛論』スタンダール
●『恋愛創生』高群逸枝
●『こころ』夏目漱石
●『日本人の歴史４　性と日本人』樋口清之
●『国家がなぜ家族に干渉するのか　法案・政策の背後にあるもの』本田由紀・伊藤公雄編著
●文化人類学、郷土史、家族社会学など、婚姻システムに関係する本全般

●キルケゴールとレギーネとか、吉屋信子と門馬千代とか、高村光太郎と智恵子とか、島尾敏雄とミホとか、大杉栄と大杉栄が『自由恋愛！』って言いながら手ぇ出しまくった女性たちとか、人と人との関係性について本人たちの言葉で具体的に書いてある本全般

なんかいわゆる文系の本ばっかりだけど、本当は動物行動学とかも関わってくるんだと思うので今後読みたい。「理解しようとすること」、本当に終わりがないです。ちょうど、この地球上のすべての場所を旅しきることなんてできないことに似て。

めんどくさい、ですか？

めんどくさいようってなりながらお布団の中でしっかり休んだなら、それからでいい、あなたがあなたを取り戻していけるようにわたしは願っています。あなたがどう生きるか。あなたの中にある思いを、あなたがどんな言葉で呼ぶか。言葉の前に感情がある。だから、「好きという感情がわかりません」というのは本末転倒です。

形なき感情の水を吸い上げて、その葉脈に走らせて、教養という栄養で、あなたがどんな葉をそよがすか。それはあなたが選ぶことです。あなたが、どう生きるかということです。

（2021年3月掲載）

# 18歳女子に告白されましたが、「良き姉」でいたいです

春。

年上のお姉さんに恋をしましたという女の子からのご投稿が一番寄せられる季節です。じゃ、恋されてるお姉さんのほうはどうなのか。お姉さんの仮面をかぶり、相手を子供扱いして、守るつもりで傷つけていることはないだろうか。本当は、何を守っているのか……。

今回は、18歳から愛を告白された28歳が長文でつづってくださった想いをもとに、考えていきましょう。


10歳も年下の未成年の外国人の女の子に「将来を一緒に考えたい」と言われています。

カナダに語学留学中のホームステイ先で、中国人の18歳の女の子に出会いました。最初は普通の友達として接していたのですが、やがて彼女の方が私に好意を抱くようになり、近頃は本当に親密になってきています。

私は男性に恋心を抱いた事が無く、今まで好きだった女性は皆ストレートだったので、誰にも自分の想いを打ち明けた事がありません。私は、学生時代も社会人になってからも常に人の輪の中にいて目立つタイプで、（喜ばしい事なのですが）周囲から一目置かれている事

もあって、ただただ誰をも平等に扱って見守るオーガナイザーになろう、私は別に特定の誰かが必要なわけじゃないし、と決め込んで人生設計を今も続行しています（恋愛や結婚が自分に必須だとは思っていません）。

しかし、その中国人の女の子があまりにも私と同じような人生経歴を経ており、彼女と話を重ねる内に、こんなに人と共感出来る事ってあるのだな、ソウルメイトってこんな感じなのかな、と思う事が増えました。また彼女も、私の大学で学んだ事や人生観、趣味などに深く感銘を受け、二人で歴史や政治の話、時には哲学的な議論さえも含む様々な意見交換を夜遅くまで続ける日々が続きました。

そしてある日、彼女は自身がレズビアンである事と、私を愛している事を告白してきました。私は勿論断りました。国も言語も歳も大きく違い、外国に暮らしていて（彼女は来年からカナダで最も優秀な大学に入学する、将来有望な才女です）、何より、彼女が私を好きな理由は単に私が彼女より10歳も歳上で世の中に精通しておりその思想が余りにも彼女がそれまで出会ってきた人々と異なっていた故…つまり、単に彼女の若気の至りでこれを運命だと勘違いしている、と思ったからです。

歳の差、特に相手が未成年である事を除けば、彼女は私にとってとても魅力的な人間です。しかし、勿論未成年相手に本気になってはいけないという現実があり、彼女はまだ若いので、私以外のもっと素晴らしい人々にこれから出会える事を知らないだけです。にもかかわらず、滅多に感情を表に出さない彼女はある日、私に泣きながら「どうして自分はもっと早くに生まれなかったんだろう。どんなにあなたの事を好きでも、年齢のせいで気持ちを認めてもらえないなんて悲し過ぎる。私が何故こんなに沢山の事について他の子よりも際立っているか知ってる？　私が女の子と恋愛しても誰にも、お母さんにも親族にも咎《とが》められない為だよ。私は完璧なステータスを得る必要があるの、私が本当に好きな人と一緒にいる為に。なのに年齢の事を言われたら、私はあまりにも無力だ」と言ったのです。

私はその時、他に適当な理由で断らなかった為に彼女を深く傷つけた事を心底後悔しました。私は利己的である故に、自分も彼女に惹かれている事を隠しきれなかった為に、年齢だけを断る理由にしたのだと自覚しました。

彼女は若さ故に私と「恋人」であるというステータスが無いと不安なのかもしれませんが、それには少なくとも彼女が成人でなければならず、それは大人としての義務だと私は思っています。私は彼女に、待ってるから、今は最高の相棒でいようね、もしあなたが他に素敵な人を見つけたら、私は「姉」として本当に嬉しいし、もし大人になっても私の事が好きであれば、未来の事は分からないけど、私もきっとその時はあなたに応えられると思う、と言い聞かせています。幸いにも、私のビザは来年の9月に切れて日本に帰ります。ホームステイも来年の3月末までなので、そこで彼女と物理的な距離が出来ます。彼女も大学に進学して、私を綺麗に忘れてくれるかもしれません。

しかし、問題は今起きています。毎日毎日、彼女を子供扱いして（実際未成年なのですが）彼女の気持ちを踏みにじらなければならない事、年齢以外の適当な理由をつけてあなたの事を好きではないと彼女に言えない私の身勝手さ。彼女はとても成熟していますが、勿論まだまだ子供の部分が残っており、それ故に、私が彼女を受け入れる事がどれだけ罪深い事かを理解出来ないのだと思います。私はただカナダにいる間、彼女が成人するまでの間は、彼女の良き「姉」でいたいのです。今すぐにホームステイを出る事も考えましたが、彼女が取り乱して私生活に支障をきたさないよう、きちんと整理してから出て行くべきかとも考えています。

ただでさえ私の英語力が及ばず彼女を傷つけてしまう事が多い中、何と言えば彼女を納得させ、落ち着いた良い関係を保つ事が出来るでしょうか？

28歳のお姉さん、ご投稿ありがとうございます。では32歳長女のお姉さんが、ものすごい姉ポーズを決めながらお返事申し上げますね。いくわよ。

「まずは
あなたが
落ち着いて♡♡♡♡」
（ウィンク）（姉ポーズ）（ふわふわに泡立てた蜂蜜ホットミルクを差し出しながら）

さ、読み返しましょう。「姉です」「オーガナイザーです」「周囲から一目置かれています」と自称するあなたが、「ソウルメイト」「とても魅力的」と思える女の子に出会ったのね。けれども、その「とても成熟している」「将来有望な才女」な彼女の想いを、「若気の至り」「まだまだ子供」扱いし、そんな自分を「利己的」「彼女に惹かれている事を隠しきれなかった」と思っている……。
え、恋じゃん。
なぁ〜〜に「彼女の方が私に好意を抱くようになり」とか順序強調してんのよ。恋じゃん。もうしょうがないじゃん。蜂蜜ホットミルクじゃん。

こんなにも
恋であるにもかかわらず
「姉です!!」ポーズを
ひとりキメけり。

やだ〜短歌できちゃった。その姉ポーズね、防御だと思うのよ。自己防衛機構なんですよ、姉ポーズは。

●姉ポーズのもたらす効果
・自分の弱いところを隠せる
・自分こそが正しくて導く側なのだと思える
・自分を頼ってもらえる、存在価値を見いだせる気がする
・お姉ちゃんできて偉いわね〜という承認の声が遠い幼年期から聞こえる

今までは「姉ですので！」「オーガナイザーですので！」という顔で「周囲に一目置かれている自分」を生きてこられた気がしてた。なのに、その姉ポーズがキープできなくなってきちゃってるんだと思うんですよ。恋で。だから「どうしたら姉ポーズがキープできるでしょうか」ってなってるんだと思うの。自分を守るために。

姉ポーズをキープしたいのが主目的なんだったら、相手を子供扱いし続けるしかない。「導くわよ〜」って、「与えるわよ〜」って、強がり続けるしかない。

でも、気づいちゃったのよね、あなたは。そんな自分を「利己的」で「身勝手」だと書いた、あなたは。よく気づきました。その姉ポーズ、自分自身のためなんですよね。姉ポーズさえキープできれば、向き合わなくて済むんですよ。人と。自分自身と。

気づきながらも、あなたはまだ、向き合うことを恐れている。自分と真正面から向き合おうとしてくれる人とせっかく出会ったのに、その頭に優しく手をやって、その頭をギュッと押し下げてしまっている。「いい子いい子、あなたはまだ子供なのよ。どうしたら姉の言うことを聞いてくれるの？　どうしたら姉に導かれてくれるの？　ああ、大人として責任ある態度を取ろうとする姉はなんて正しいのかしら。あなたもわかってくれるわね。ね？　ね？」って……。

だから、手を離して、**自分と向き合う時だと思うの。**

まだ、自分の知らない自分がいるはず。例えばあなたは「18歳の未成年相手に本気になってはいけない」と、「それが大人の義務」だとおっしゃる。ではその「18」という数字の根拠を、そして「大人」とはなんであるかを、自分の言葉で説明できますか。

2022年4月から、日本の成人年齢は18歳に引き下げられます【注2】。それでは、あなたはあなたの恋を、2022年4月だったら許していたのでしょうか。2022年3月だったらダメだったんでしょうか。また、ご滞在中のカナダの政府のホームページを見てみてください。カナダは州によって成人年齢が違い、ブリティッシュコロンビア州は19歳未満、オンタリオ州は18歳未満、ニューファンドランド・ラブラドール州は16歳未満を未成年としています。あなたはあなたの恋を、ブリティッシュコロンビアならNGでニューファンドランドならOKだと思うんでしょうか。そうだと思うなら、サスカチュワン州の「未成年とは16歳未満の未婚者を指す」ってのはどうするんでしょうか。未成年者と結婚すれば成年扱いになるから、結婚してから恋愛すればOKってこと？　「サスカチュワンのことなんて知らないもん、日本帰るもん」とは言えませんよ。日本でも2022年4月までは、女子16歳、男子18歳で結婚できる決まりなんです。あなたの好きな18歳女子は、現代日本社会では結婚すれば成年扱い。婚約やこれに準ずる真剣交際の場合も、青少年保護育成条例の対象外となります【注3】。

こんな感じ。こんな感じで、社会の決まりは決まってるの。

決まりを「決まりだから」の一点張りで押すのではなく、「決まりなんて」とズルをするのでもなく、**「決まりの中でも決めていこう」という責任ある態度を取る人のことを、わたしは、大人と呼びます。**

お相手の18歳女性は、女が女を愛することが許されない決まりの中に生まれたんです。中国では1997年まで同性愛が違法【注4】、合法化後の現在も結婚は異性間のみに限られ、女を愛する女が集まるハッシュタグは、中国のSNSで検閲・表示停止【注5】されたこともあります。

それでも彼女はカナダに出てきた。「本当に好きな人と一緒にいるために」勉強して、同性婚ができる、彼女の学びたいことを学べる大学がある国に出てきた。決まりの外に出ると決めた。そして、それを実行した人なのよ。


すてきね。すてきな人に出会ったのね。そんなすてきな人をね、「若さ故に恋人というステータスがないと不安なのでしょう」ですって。ばかにしちゃ、いけないわよ。ステータスに頼ってるのはどっちよ。4歳年上目線から言うわよ。あなた、「若さ故に姉を自称しないと不安なのでしょう」。

ね、大人って、何でしょうか。

人間が大人かどうかを決めるのは、成人年齢を定める決まりだけではないでしょう。人間に想いを伝えるのに必要なのは、〝英語力〟、だけではないでしょう。歳の差や言葉の差や物理的距離のことを言い立てて、今まで通りの姉ポーズを取り続けるのか。それとも……。

決めていきましょう。決めていけます。決まりだから、というのをやめたその時から。


（2020年3月掲載）

# 欲しくて、失いたくなくて

イシツの恐れに火を灯すもの。それを――恋愛、と呼びましょう。

これはエッセイ本なのであなたに見えませんが、今、ものすごくかっこいい顔をして書いています。目の前には海が、東京湾が広がっています。

東京湾は、黒船が来た海。異質――イシツなるものとの出会いの舞台となった海ですね。やがて、遺失――イシツの舞台となっていきました。アメリカから黒船でペリー提督がやってきて「開国してください」って言ってきた1853年から時は流れ、1941年12月8日。日本は、アメリカ・イギリス両国に対して宣戦布告を行います。

……っていうふうに、人間目線だと認識されますけど。本当は、国とか以前に、ひとつひとつの命、なわけです。わたしは日本の神奈川生まれ。旅をして、真珠湾、原爆ドーム、パリやニューオリンズやアムステルダムのホロコースト関連施設などを観てきました。いろんな旅先、いろんな言語で、直接的にも間接的にも、こんなようなことを言ってる声が聞かれました。

「あっちが侵略してきたんだ、こっちは守るために戦ったんだ!」

まあ歴史認識は人それぞれなんですけど、いや、でもさあ、この世で生きてるのはさあ。人、だけじゃないんですよね。小鳥も魚も木々も花々も蝶々もみんな戦火に焼かれている。かわいい名前の漢詩人・杜甫さんが「国破れて山河在り」って詠んだのは、剣とか矛とか弓矢とかそういうある意味エコな武器で戦争やってた8世紀のことでしたが、20世紀の戦争は、化学兵器を使っています。原爆。毒ガス。枯葉剤。国破れたし、山も河も汚染されました。人間が故郷だと思ったごく一部を守るために人間全員で地球全体をぶち壊した。それが世界大戦であった、という歴史認識でわたしはおります。

「なんで恋愛の章で戦争の話してんの？」って、思われていますでしょうか。

それは。結局どちらの正体も、「欲しいーっ。失いたくないーっ」だから。恋愛も、戦争も。

われわれ人間が、イシツを――異質を、遺失を、恐れる気持ち。それが、いわば、「生欲」です。ナマの、生きたい、欲望です。自分の生きている場所を荒らされたくない、今あるものを失いたくない、存在を脅かすものを遠ざけたい。それは、自分が生き残るための、「生欲」から発している感情です。そんな生欲があるからこそ、異質と遺失に対する恐怖の闇に、誰より、自分自身が囚われてしまう。安全なお布団の中で膝を抱えて、外の全部を拒否してしまう。そうやって、好きでお布団の中にいるつもりなのに、内側を守るために外側を拒否しているつもりなのに。ずっとそうしていると、いつしか、息苦しい。異質を、遺失を、恐れながらも、どうしようもなく惹かれてしまう。

だから、その闇に火を灯す。

その熱で異質な者を灼こうとすれば、それは、戦争になります。

その熱で異質な者と融け合うならば、それは、恋愛になるんです。

いろいろ、言うでしょう。○歳までに恋愛しろとか結婚しろとか、異性がどうの同性がどうの、童貞が、処女が、なんのかんのって。根本的にはそれ、全っ部、戦争準備でやってたことですからね。

「結婚十訓」って聞いたことありますか。第二次世界大戦時の大日本帝国厚生省がナチスドイツを丸パクリして日本語で広めた「正しい結婚の形」十箇条なんですけれども、わたしがまとめれば要するに、言ってることはこれです。

「健康な　オスとメスとで交尾して　お国のために繁殖してね」

まーじーでー人間繁殖場。やばすぎて標語のリズムになってしまった。そんなわけで「我が国日本では男が戦い女が家を守って子を育てるっ、そういう家族の形の伝統があるっ」みたいなことが大日本帝国厚生省によって宣伝されました。されました、って言うか、2021年現在でも全然それやってる人いますけど。で、それに対して、「そうは言うけど本当はどうだったのか」を追求した作家がいます。1894年生まれ、1964年没。まさに戦前〜戦後を生き抜いた、高群逸枝《たかむれいつえ》という人です。高群逸枝は自宅に「面会謝絶」って札を貼る勢いでガン掘り歴史研究して『恋愛論』『日本婚姻史』などの本をバシバシ書き上げていったのですが、そんなバチクソかっこいい作家の高群逸枝が、しかし作家以前に一人の人間として、一個の生命として、ひそかに書き残したのはどんなことか。一部、見てみましょうか。

「結婚後、私はいつも家にいる。」
「机の前に座って、留守居をしてくらした。さびしかった。」
「たまに夫が外出すると、その留守のさびしさはたまらない。」
（1955年の「森の家日記」より。『高群逸枝全集　第九巻　小説／随筆／日記』理論社　p.429）

高群逸枝は、「男が戦い女が家を守って子を育てる」システムがいつから成立したのか歴史的に検証するくらい悩んでた人です。しかし、夫・橋本憲三に、どうも、「低能児」などと言われたり、叩かれたりしていたらしいことが、橋本の同意を得て死後に公開された日記『路次裏の記』から窺い知れます（同p.223）。家に留め置かれる暮らしに苦しんで、夫の稼ぎで暮らす自分を自ら「寄生虫」と叱咤して家出したり、反省した夫に追いすがられてもう一度やり直したり、そんな人生を歩んでいました。

夫は、異質と遺失を怖れて、逸枝を自分の鳥かごの中に閉じ込めたのかもしれません。逸枝は、自分の生きている世界に疑問を持ちながら、それでも自分を閉じ込める夫に、好かれたい気持ちもあったのでしょう。お互いの異質性を、灼こうとしたり、融け合おうとしたり、戦争と恋愛を繰り返していたのかもしれません。

けれど、いつまでたっても、この恐れはなくならない。その闇を生きていくために、わたしたちは火を灯すのでしょう。灼いて、灼かれて、融け合って。

そういう、生の欲望なんです。

そうやって生きていく上で、恋をして、恋をしたくて、争って、異質に、遺失に、泣いたなら。

相手にも、自分自身にも、わたしは、こう思うことにしています。

ああ、こういう全部を、この生きていたくなさをも含めて、わたしは、「生きる」と呼ぼうと。

こうやって、あの子も、わたしも、外野も、みんな、結局、みんな、生欲、だよね。と……。

## 「モテないけど生きてます 苦悩する男たちの当事者研究」

ぼくらの非モテ研究会 編著
青弓社 2020年

あの人と結ばれれば幸せになれるはず。自分の傷は大したことない。なぜ傷つけてしまったのかな、愛したつもりだったのに——。モテるための一律のテクではなくて、モテたいという欲望／モテなくてはならないという強迫観念を胸に歩いてきた一人ひとりの一歩一歩が語られている一冊です。

## 「美は乱調にあり」

瀬戸内寂聴 著
角川学芸出版
初版1966年／復刊2010年

親の決めた相手と結婚するのが当然……という時代を、乱れ乱れて生き散らかした明治人たちの歴史小説。嫁入りさせられた家を八日で飛び出した女・伊藤野枝と、自由恋愛を提唱した無政府主義者の男・大杉栄を軸に、様々な人の生と性とが入り乱れます。漫画版、英訳版も刊行された超ロングセラー。

## 「実録　泣くまでボコられてはじめて恋に落ちました。」

ペス山ポピー 著
新潮社 2018年

暴力シーンで興奮してる。自分の体を否定したい。愛とか性とか一切抜きで、ただただ、美男に殴られたい。世に言う「普通」や実家住みという状況をものともせず、自分の欲望と向き合って冒険の同行者を求めた作者。やがて出会ったその人と、見せ合えたことも、隠してしまったことも胸に、生きていく話。

## 「動物の賢さがわかるほど人間は賢いのか」

フランス・ドゥ・ヴァール 著
松沢哲郎 監修・柴田裕之 訳
紀伊國屋書店 2017年

肉体を持って生きている、一つ一つの生命。その生命を、自分とは別個の生命を、自分自身の感覚に囚われずに、知るためには？　言葉を話さない生命たちと、言葉で編まれた進化認知学・動物行動学で向き合う本。読むと「自分よりカケスのほうが恋愛上手……」ってなるかもしれません。

### 本の調べ方

「恋愛」というワードからあえて離れ、「一個の命が別個の何かを強く望むこと」と捉えて視野を広げています。図書館の棚の「10 哲学」「14 心理学」「28 伝記」「38 風俗習慣. 民俗学. 民族学」あたり眺めるのがお気に入り。

# 第2章　性のふつうって？

## 自分の性別が嫌い。でも、異性として生きたいわけではない

「女でいたくない」

「男でいたくない」

「自分の性別が受け入れられない」

って言うとすぐ、「性同一性障害ってこと？」ってなりがちだと思うんですよね。世の中を、「男／女」「性同一性障害の人／そうでない人」って感じに、二色でわかりやすく塗り分けたい人の都合に合わせていると。


だけれど実際、そんなにわかりやすくはないわけじゃない、人類。例えば「自分の性別が受け入れられない」ということは、必ずしも「異性になりたい」を意味しない。cakesでの記事『今付き合ってる彼女が「彼」かもしれません』【注6】でも、「日本では、女とされて生まれ、男として生きようと医療機関を受診する人の割合が比較的高い。それは〝男として生きたい〟だけでなく、〝女やめたい〟という人も相当数含まれているからではないか」というお話をしたことがあります。

「これをやめたい」が、「あれになりたい」であるとは限らないんです。「オラこんな村いやだ

〜」って言ってる人が、全員東京に出るわけじゃないでしょ？

では、なんなのか。今回は、「自分が女であることが受け入れられない。けれど男になろうとはしていない」とおっしゃる方からのご投稿をもとに、考えてまいりましょう。この、「自分の性別が嫌だ。でも異性として生きたいわけではない」っていう、なんとも言えない感じについて。


まきむぅさん、こんにちは。いつも目から鱗をぼろぼろと落としながら読んでいます。私が相談したいことは、自分が女であることが受け入れられないということです。

私は女に生まれ、一応女として育ち、恋愛対象は男性です。でも、女という性別が受け入れられません。理由はいろいろあります。かわいく生まれなかったこと（顔の美醜は関係ない！　と言われることもありますが、やはり実際に不美人は生きづらいです）。楚々と振舞うことに興味が持てなかったこと、故に「女子力が低い」、「おっさん」と称されること。

このように「女」という枠組みから外されているにもかかわらず、女の姿形をしているだけで、痴漢や変質者に遭います。女だから、支配してもいいだろう、性的なことをしてもいいだろうと思い、それを行う人がいたこと。はらわたが煮えくりかえるほどムカつきます。

自分が女であるがゆえにこんな目に遭うなんて、本当に気持ち悪くて仕方ありません。

こんなことを書いている私が最も性別に囚われてるんじゃないかなと自分でも思っています。性は2つでなく、もっと多様でグラデーションのようになっているということを、周りもわかってくれたらもう少し楽になるのになとも考えています（性はグラデーションなんじゃないかというのは私が勝手に思っているだけですが）。どうしたら自分を受け入れられる

**でしょうか。日々がんじがらめになっていて苦しいです。よろしくお願いします。**

ご投稿、ありがとうございます。また、がんじがらめでも生き抜く日々、なんと申しますか、なんと申し上げても軽いかもしれないですけど、それでも、心を込めて申し上げます。お疲れ様です。

拝読して思ったことを、申し上げてもいいかしら。

投稿者の方、実はそもそも、「女であることが受け入れられない」わけではないのではありませんか?

ちょっと読み返して、まとめてみましょう。

**なぜ「女であることが受け入れられない」とお思いになったのか。**

(1)かわいく生まれなかった。
(2)楚々とした振舞いをすることに興味が持てない。
(3)女子力が低いとか、おっさんだとか言われる。
(4)女の姿形をしているだけで痴漢や変質者に遭う。

これ、突き詰めて考えると(1)から(4)まで全部、「**他人にどう扱われるか**」の**話**ではないでしょうか? 「**自分がどうあるか**」の**話**ではなくて。だから正確に言うと、ご投稿者の方は「オンナ扱いを受けることが嫌」なんじゃないのかなと思ったんです。本当は、「自分が女であることが嫌」なわけではない、って。

「女やめたい」

「男になりたい」

この2つが別のことであるように、

「女なんだからという扱いを受けること／女らしくあれと強いられることが嫌」

「女であることが嫌」

この2つも別のこととして整理したほうが良いと、わたしは思います。

他人が言ってくることを、そのまま信じ込まされてしまわないために。

言い換えれば、外的な社会規範を、無意識に内面化してしまわないために。


中でも無意識に内面化してしまいがちなのが、これなんです。

「**(1) かわいく生まれなかった**」

これ冷静に考えると、誰か判断基準を決めてるやつがいるでしょ？　どういう顔が「かわいい」顔なのか、決めているのは社会規範なわけじゃない。もっと正体つきつめるとさ、

・異性の容姿には牛肉の質と同じようにランクがあると信じている人肉品評会評議員気取りの人間のみなさん
・そうしたみなさんに「S級美女ゲット」的な情報商材を販売していらっしゃるみなさん
・「業界屈指のハイクラス美女多数在籍!!」みたいなやつ

・「モデル・〇〇実践！　カレの視線釘付け☆美巨乳エクササイズ」みたいなやつ

とかとか、**要するにさ、ね、おカネと性欲な訳じゃない。**ビジネスや性欲が悪いとは絶対言わないわよ、けどね、他人のビジネスや性欲の都合をあなたが内面化する義理はないわけじゃない。

繰り返します。「かわいく生まれなかった」人なんかいません。正確に言うと、「この特徴の人はかわいいとか、この特徴の人はかわいくないと決めている社会規範がある。そして、それに従う人もいれば従わない人もいる」ってだけのことです。

**ひとつの具体例として、今ちょっとGoogle開いてみてくださる？**

で、おフランス語で「contours des yeux avant après」ってイメージ検索してみていただきたいんです。そうするとフランスの美容業界が「うちのサービスを受けるとこんな目になれますよ」って宣伝してるビフォーアフター画像がいっぱい出てくるんだけど、ご覧になってると、気づくことない？

**涙袋（下まぶたのふくらみ）消しがちなのよ。**

日本含む東アジアでは、専用化粧品使ってでもヒアルロン酸注入してでもふくらませようって躍起になってる涙袋が、フランスでは、基本的に消す対象なの。

そういうことなの。

ね。

勝ち組と負け組がいるんじゃないの。勝ち負けのルールを設定してるやつがいるだけなのよ。走っていくあなたを、人と比べて勝ち負け決めようとしてくるやつがいても、関係ないの。アスリートはみんな言うでしょ、ライバルは常に自分なんだもの。

ってことで、「はぁ、女やめたい」「あぁ、男やめたい」ってなった時、自分一人でもできることは次の２つです。

（１）それが自分の生き方の話なのか、他者からの扱いの話なのかを整理する。本当に「自分自身が女／男でいることがつらい」なのか、それとも「他者に女／男という記号で扱われることがつらい」なのか。ゆっくり、自分のやり方で、考える。日記をつけるとか、一人きりで静かに過ごしてみる時間を作るとか、人と話し合ってみるとかして。

（２）外的な社会規範を無意識に内面化せず、意識した上で選択をする。「それは誰がなんのために言っていることなのか」をしっかり意識して、見抜こうとする賢さを持つ。例えば、他人に「かわいくない」って言いがちな人、なぜわざわざ他人の容姿を否定するような言動を取っちゃうのかしらとか。「女子力～」って気軽に言う人、それはネタで言っているのか、本気だとしたら女子力とは具体的になんのことだと思っているのか、なぜそれらが〝女子〟のものだと思うようになったのか、とか、ね。

あなたが女であるというだけで、あなたを不当に扱う人に、あなたが女であるというあなたの一部を奪わせてたまるか、ということです。

あなたが男であるというだけで、あなたを不当に扱う人に、あなたが男であるというあなたの一部を奪わせてたまるか、ということです。
男であるということを、女であるということを、一種の競技であるかのようにたきつけて人をジャッジする人に遭遇してしまっても、別に、関係ない。走りたいコースを決めるのは、より良いタイムを目指すのは、たった一人の、あなたです。

投稿者の方は、こうお書きになった。

**「自分が女であるがゆえにこんな目に遭う」**

違います。「自分が○○であるがゆえに」じゃない。「自分を○○扱いしてくるやつらがいるから」です。

「他者に女扱いされてナメられるのがつらい」を、「自分が女でいたくない」のだと信じさせられないでください。

「この性別で生きるのがつらい」を、「あの性別になれば楽になれる」のだと信じさせられないでください。

あなたはちゃんと、本当の自由をつかめる。大丈夫です。しっかり休んだら、好きにコースアウトしてもいい、景色のいい方を目指しましょう。沿道でガヤガヤ言ってる人たちも、いつか自分の行きたい方にいけるといいわね、バイバ〜イ、って、さわやかに手を振りながら。

（2018年11月掲載）

# 初めて同性とベッドを共にしました。愛しているのに吐き気がします

「やりたいこと」って、「楽しいこと」とは限らない。つらくて、苦しくて、それでも向き合い続けたいと思える何かがあるなら、きっとその先には、大きな喜びが待っているんだと思うのです。

今回ご紹介するのは、「好きな人が同性だ。なのに『同性愛なんて間違ってる』と思えて仕方ない」とおっしゃる方からのご投稿です。

好きな女性と両思いになり、初めてのセックスを体験しました。しかし私は好きな女性を抱きながら、気持ちが悪くなって吐いてしまいました。

好きな女性とキスをした時、私は無意識に、これを「正しい」と感じました。それと同時に、「ついにやってしまった」という感情にも襲われ、もうとある地点を越えてしまえば、後戻りはできないのだ、と感じました。私の頭はひたすら混乱していました。

今考えれば、女性である私が女性である彼女の服を脱ぐ姿を熱っぽく眺める、という状況自体を私の脳が拒否していたのだと思います。なぜならそれは「間違っている」ことだからです。彼女のことを愛しているのに、体は動かないし、触られるのが怖く、彼女の体を拒否

していました。私の中のホモフォビア［※］が濃い影を落としているのを発見した瞬間でした。

朝起きると、昨日のあの不恰好なセックスが、あの卑猥な音が、お酒の味がするキスが、洪水のように思い出されてそれは吐き気に変わり、彼女が寝ているベッドから出てトイレの中で一人泣きました。愛している彼女のプライベートな部分を触った手が汚いと思ってしまいました。どうすることもできませんでした。

「女と女のセックスなんて気持ち悪い」という潜在意識からくる性嫌悪によって、彼女を愛しているのに体と心がついてこないのが苦しいです。彼女からキスをされても、うれしいのに、心の底では「間違ってる」と感じてしまいます。どうしたら自分の中のホモフォビアを克服することができるでしょうか？

（※牧村注：ホモフォビア……同性愛嫌悪。他者だけでなく、自己に向けられる場合もある）

まず申し上げたいのが、「おめでとうございます」ということです。

泣いて苦しんでいらっしゃる方に、こんなことを言うものではないかもしれない。だけど、わたしね、本当にそう思うの。投稿者の方は、ご自身の中にある同性愛嫌悪から自由になるための一歩を、いちばんはじめの一歩を、すでに踏み出していらっしゃるから。（投稿者の方は〝ホモフォビア〟と表現していらっしゃるけど、他の読者の方々にも伝わりやすいよう本稿では〝同性愛嫌悪〟とさせていただきますね）

さて、その一歩とは何か。彼女を愛するということです。もし本当に同性愛嫌悪に囚われていると、愛するということができず、例えばこんなふうなことをしてしまうと思います。

・「自分は同性愛者なんかじゃない」とヤケクソみたいに異性との関係を重ねる。
・そもそも「自分キモい」との思いで頭がいっぱいで、彼女含む他者のことを考えられなくなる。
・素敵な彼女や世間の幸せそうな同性愛者をボコボコに否定することで、なんとか「同性愛という不正義と戦う自分は正しいのだ」と思い込もうとする。

要するに、自分のことだけで精一杯になっちゃうのね。他者を想うということができない。ましてや、泣いて吐いて苦しみながらも彼女との関係を続けよう、だなんて思えない。

別に自分のことで精一杯になるのは悪いことではないです。むしろ、第一ステップとして必要なこと。そして投稿者の方は、ちゃんとその第一ステップを踏み越えたのだと思うのです。だからこそ、次の課題に直面していらっしゃるのね。女を愛する女でありながら、「女と女のセックスなんて気持ち悪い」と感じてしまうことをどうするか、という課題に。

さて、どうしましょうね。

まず――このご投稿は数ヶ月前のものですから、もうなさったかもしれないけど――やっていただきたいのが、彼女さんとお話しすることです。「あなたの体が気持ち悪いんじゃない。でも、女と女のセックスというのがどうしても間違ったことだと思えてしまって、一人でトイレで泣いてしまった。愛しているからこそ乗り越えたい」というように。

だってね、隠していると、どんどん悪いことみたいに思えてきてしまうでしょう。彼女さんにだって、うっすら伝わっちゃうでしょうしね。「何かつらそうだけど、私に相談してもらえないなあ」って、寂しい思いでいらっしゃるかもしれない。だからまずは、話してみてほしいのです。好きな人だからこそ嫌われるのが怖くて、いつもニコニコ、陰で泣く——そういう対処法って、自分で思っている以上に相手に伝わるものなんですよ。**恋人はサービス業じゃないので、接客スマイルしなくていい。**無理して笑うより、安心して泣ける関係性をお互いに築くことで、晴れの日も雨の日も一緒に歩けるようになっていくのです。

特に投稿者の方は、「潜在意識」「性嫌悪」「ホモフォビア」なんて言葉遣いをなさるところから見られるように、だいぶ、お一人でいろいろな読み物をお読みになって、じっと考えていらしたご様子だと思うのね。そういう概念ももちろん大事ですけど、それらはね、あなたという個人を知らない人が考えた概念です。他ならぬあなたを知っている人と、他ならぬあなたに向き合おうとしてくれている人と、話してみてくださいい。それが難しいなら、あなた自身と話してみてください。もっと、あなたにオーダーメイドな物の見方が見つかるはずなの。

あのね、GPSってあるでしょ？　地球の周りに飛んでる人工衛星との位置関係で、自分の現在地を割り出すシステム。人生で迷った時の対処も、あれに似てるのよ。たった一つの人工衛星じゃ、自分の現在地は割り出せない。複数の人工衛星から自分の位置を測ってこそ、より正確な位置が出てくるんです。投稿者の方は、「潜在意識にある性嫌悪、ホモフォビア」っていう、たった一点の遠い遠い人工衛星から自分の位置を探り当てようとなさっているように見えるの。他にも星がたくさんあることに気づいて、もっとあちこち頼っていいと思うのよ。愛するっていうのはね、世界を広げる冒険だから。

さて、わたしからも、２発ほど人工衛星を打ち上げようと思います。

一つは、これ。「審判をやめて試合をしよう」です。

セックスでもプレゼンでも同じなんだけど、意識が審判ポジションに行っちゃうことってあるのよね。セックスもプレゼンもやってみて気づいたのよ。セックスとかプレゼンとかしてる自分を外から見てしまうの。「自分が外からどう見られるか」を気にしてしまって、意識が、自分の中にない。

この場合は、とにかく、意識を自分の中に引き戻すことです。「女同士でセックスしているなんて間違っているのでは」と思っちゃったら、「……って思っちゃやってるな〜」とただ認識する。その上で、もっと自分の感覚をフル活用してください。間違っている、と思っちゃってる自分。そんな自分を見つめる彼女。その瞳。体温。自分の心臓の音。部屋の外を通り過ぎた車の揺れ。窓から差し込む光。太陽に包まれる地球。

そうして感覚を研ぎ澄まし解き放つうちに、自分と自分以外の境界線が曖昧になるんです。プレゼンなら客席の空気感がわかるし、セックスなら、不思議と、相手のしてほしいことに無言で応えられたりする。ここまでくると、自分が拡張されるというか、ヤバそうな言い方をすれば宇宙と一体になるというか、そんな感じなので、「女同士でセックスしている自分！」っていう苦しみすら心静かに見下ろせると思うんですよ。リングサイドから審判ポジションで自分をジャッジせず、もっと、自分らへんをぽわーんと包み込むように見てみるということね。意志という核は自分にあって、そして自分って実は全部とつながっているんですよ。

それから、もひとつ。逆・前田敦子を試してみてください。

前田敦子さんって、元ＡＫＢ48の女優さんですけど、自分にアンチがいることを認識しながらこうおっしゃったわね。

**「私のことは嫌いでも、ＡＫＢのことは嫌いにならないでください！」**

これは、ＡＫＢという全体から前田敦子という個を切り離して考えてください、って言っているようにわたしには見えるのね。めっちゃ汎用性高いの。人の世って、もともとは〝全〟であるものを個に切り分け、それをまた集団に整理してるつもりになって運用してるものだから。全──集団──個、このせめぎ合いで起こる問題を俯瞰《ふかん》するのに前田敦子はテンプレになるのよ。

例えばこんな感じ。

**「同性愛が許せなくても、愛することは許してください」**

同性愛という集団にまとめられたって、それは愛という全体の一部をなすもの。同性愛という集団にまとめられたって、それぞれはかけがえのない個と個の関係なわけです。
　同性愛嫌悪を克服できる日、ってね、わたし個人にはまだ来てると思えないのよね。無理に克服しようとも思わないの。同性愛なんて気持ち悪い、同性愛者である自分が嫌いだ、って苦しんできた毎日はわたしの一部を成しているから。今でも、いわゆる異性愛者の女友達とお風呂に入るときは異様な罪悪感で急いで上がっちゃうし、めっちゃ大好きな女性の裸を見るとその美しさがゆえに自分マジ汚いって思っちゃうの。でも、それでも、わたしは、愛すると決めた人を愛し続ける。迷うし、間違うし、正しいかどうか知らないけど、自分が選んだ道を歩きたいから。

　全ては、何かの一部なのよ。全ては、実はつながってるの。言葉で書くのは簡単だけど、これを感覚でつかむには、やっぱ、歩き回ることなのよね。自由に歩いてください。昔の人がそうしたように、たくさんの星々を見上げて自分の位置をはかりながら。そしてまた自分が星になる頃、全てを見下ろしてきっと気づくのよ。正しいと思えたことも、間違ってると思えたことも、全部つながって、一本の軌跡を描いてたんだなあ、って。

（２０１７年８月掲載）

# 動物に性的に惹かれる自分を許せない

今回ご紹介するのは、「動物とセックスしたい、という、許されない欲望を抱えながら生きていくのが辛い」というおたよりです。「許されない」って、誰に？　なぜ？　考えていきましょう。まずは、おたよりをご紹介します。


私はレズビアンで、ズーフィリアです。犬や馬のメスに性的に惹かれます。

ずっと大切にしてきた愛犬が亡くなりました。私は愛犬を愛していましたし、虐待であるため性的な行為をしたことはありませんでしたが、彼女に性的興奮を覚えたことは1度や2度ではありませんでした。愛犬が私の足の間から割って入ってきて、私にのしかかって首筋を舐めた時、「ああ、これから私は彼女とセックスをするのだ」と思ったことを今でも覚えています。結局そうはならなかったのですが。

その後、初めて人間の女性と交際しました。ですが、彼女とキスをしても、彼女の肌に触れても、愛犬に首筋を舐められた瞬間の愛犬しか見えなくなるような興奮、火花が散ってそれが一瞬で燃え広がるような感覚、あの感覚とどうしても比べてしまいます。動物とセックスしたいという思考が頭にチラついてしまうと本当に自己嫌悪に陥ります。

人間の彼女のことが好きで、これからも一緒にいたい、幸せにしたいと思っています。その中で、動物と性的な関係を持ちたいと思うことを止められません。

私はずっと、動物に手を出すことは許されないことだし、死ぬまで一人でこの欲望を抑え込んで生きていこうと思っていました。性的に満たされることや、誰かと愛し愛されて幸せになることを諦めていました。

ここまでが前置きです。長くなってしまって申し訳ありません。まず、生きてきて、ここ1年くらいでようやく、自分が動物を性的に愛していることを認められるようになりました。それでもやはり、許されない欲望を抱えながらそれを自覚して生きていくことは苦しいです。自分を許せないと思う瞬間があります。それを乗り越えるにはどうすればいいでしょうか。

そして、人間の彼女とのセックスの際に、動物に対してほど興奮できないことも辛いです。彼女のことを愛しているからそれでいいじゃないかと思うのですが、それでもどうしても身体的な感覚とのギャップが苦しいです。これらのことと、どう折り合いをつけていけばいいでしょうか。


まずは、お悔やみを申し上げます。日々を共にしてきた愛犬とのお別れ、辛いという言葉では表し切れないほどのことだったでしょう。

相談文にはもともと、教科書的な日本語にない特徴がありました。あなたは、犬も人間も分け隔てせず、「彼女」という三人称でお呼びになっていた。明確に思考するため、いったん一部を

「人間の彼女」という表現にさせていただきましたが、これ以降はわたしもあなたにならい、あなたの愛犬を「彼女」という三人称で呼ばせていただきたいと思います。彼女と直接には触れ合えなくなった今も、きっと、彼女があなたの首筋を舐めたときの感覚が、息遣いが、重みが、匂いが、あなたに残っていることでしょう。身体に残る感覚として。

あなたにとっての大切なその感覚が、罪悪感の黒い雲にへだてられて霞んでしまうのは、あまりにも、悲しすぎる。

あなたは確かに彼女を愛した。

愛したがゆえに欲望を抑えた。

今でも抑える力の強さが、捧げる先を失った愛の暴走みたいに、わたしには、見えるんです。

あなたは、あなたを苦しめなくていい。あなたの感覚に残る彼女の存在を、抱きしめることが罪だと、抱きしめたい欲望に抗うことが愛だと、あなたはおっしゃるのでしょうか。喪失の空隙《くうげき》を、苦しみで埋めようとしてはいらっしゃいませんか。


**埋め立てるより、満たしましょう。**

あなたはいつでも何度でも、その感覚を甘く思い出していいんです。その感覚は、確かに彼女があなたの中に残してくれたものですから。外野の誰がジャッジしようと、それは、彼女があなたの中に残してくれたものですからね。

『聖なるズー』、お読みになりましたか？

2019年の開高健ノンフィクション賞受賞作です。動物をパートナーとして、どうにか対等な関係を築こうと模索しながら暮らす人々と、人間の男性に10年間ものあいだ性暴力を振るわれつづけた経験を乗り越えるために文化人類学を学ぶ著者とが、共同生活を通して向き合った記録の書です。

タイトルの「ズー」とは、動物と性愛含む対等な関係を築こうとする人々のあり方を指す言葉です。

〝動物に暴力を振るわず、また、動物の性を無視せずに、それを当たり前のこととして受け止めつつ、性を含めてケアをする。そのときに実際の性行為があるかどうかはそれほど重要ではありません。〟（集英社「青春と読書」／『聖なるズー』著者・濱野ちひろ氏インタビューより【注7】）

動物の意思を無視して姦淫することを「獣姦」と呼ぶならば、「ズー」は、動物の意思を、性を、無視しない。

**「動物の性を無視しない」という表現。**

わたしはドキッとしましたね。確かに、愛玩動物として人間と暮らすことになった動物……犬や猫やフェレットたちなどは、動物の意思によらず、人間の手によって、去勢・避妊手術をされます。いつまでも大人にならない、いつまでもちっちゃな「ウチの子」として愛玩されるわけです。

しかし手術後も、動物に性的欲求が残ることがあります。わたしの家族の家で暮らしていたメス猫は、ときおり、明らかに発情している様子を見せ、物欲しそうにくるおしそうに鳴きました。人間の都合で室内飼いになり、外に出られずたったひとりで発情し続けるというのは……自分に置き換えてみればわかりますよね、大変な苦しみです。そういうとき、猫と暮らす人は何をすると思いますか。性的な刺激を与えるんです（※やり方を間違えると猫の体を傷つけてしまうことがありますし、獣医さんによっては推奨しない考えの方もおられます。必ず専門家に相談してください）。わたしもめちゃくちゃウニャウニャスリスリ体をこすりつけられたので、尻尾の付け根あたりをトントンかいかいしてあげたら、お尻を高くあげて「にゃ〜ん♡」されたことが何度もあります（性的に気持ちいいらしい）。

もう一つの例を出しましょうか。わたしがまだ6歳くらいだったときのことです。わたしは知人の農家で番犬として暮らすオス犬と、「お留守番しててね」ということで二人きりにされました。大人たちが見えなくなってしばらくした頃、オス犬がわたしに襲いかかってきました。わたしは床に突き倒され、わあわあ大きな声で泣きましたが、犬は放してくれません。やがて、大人たちが帰ってくる車の音がして、犬は玄関に駆けていきました。わたしは「この子が突き飛ばした！」と訴えましたが、大人たちはみんな、「この子は賢い良い子ちゃんだからそんなことしない。お留守番で寂しかったからって嘘をつくんじゃありません」と言いました。そのあいだじゅう、犬は……まさに、〝賢い良い子ちゃん〟の顔をしていました。キリッ。確かに賢い。今思えばあの犬、そういうことだったんでしょう。〝賢い良い子の番犬〟という役割を与えられている以上、サカることもできず、大人の見ていないところで6歳児相手に鬱憤《うつぷん》を晴らしていたんでしょうね。わたし、ちょうど犬くらいのサイズだったし。

こういうふうに考えていくと、「動物との性行為＝虐待！」という見方、あまりにも短絡的なのではないかという気がしてきます。人間と暮らしやすくするために、動物の性的な部分を文字通り切除してしまうこと、勝手に「いつまでもちっちゃな赤ちゃん」みたいなイメージで愛玩することが、もうすでに、動物側に望まれていない行為なのかもしれないわけです。

**もちろん、去勢・避妊をするなと言っているのではないんですよ。**

生まれてくるかもしれない命たちに責任を取り切れないとか、病気のリスクを防ぎたいとか、サカってる猫のあのバカでけえ奇声で夜通し鳴かれたら一緒に暮らして行けないとか、いろんな理由で、去勢・避妊が必要になることもあります。そもそも、愛玩動物として人間と暮らしている品種の多くが、人間の手による交配で生み出された存在なわけですから、人間がしっかり責任を取るべきだろう、という考え方もできます。

その上で、やはり……「動物との性行為＝虐待！」という図式は、単純すぎるとわたしは思う。もし、わたしの都合で避妊手術を受けさせられたメス猫が、物欲しそうに鳴いてお尻を上げたとして、わたしは、トントンかいかいしてあげないほうがよっぽど虐待じゃんって思うんですよね。猫によってトントン叩かれるのが好きな子もいるし、かいかい優しく搔かれるのが好きな子もいる。そういうのは言葉が通じなくても、様子を見ていればわかります。イヤだったら逃げるしね、猫は。なんなら猫パンチ食らわせて逃げるしね。あいつら。

人間の恋人と愛し合うときにも愛犬のことがちらつくのには、二つの理由があると思います。一つは、あなた自身がそれをあなたに強く禁じているから。もう一つは、あなたが愛犬を見送った喪失感の中に今もいるからです。

だから、もう一度、ちゃんと感じてみてください。あなたの愛犬が……彼女があなたに残していってくれたその感覚を、良いとか悪いとかジャッジしないで、ちゃんと感じてみてください。

動物と暮らすって、不思議でね。わたしも実はこのあいだ、コミックエッセイ『同居人の美少女がレズビアンだった件。』にも出てくる、ずっと仲良しだったおじいちゃん猫と、会えないままお別れになっちゃったんです。だけどその夜にね、ちょっと、いつもはないような不思議なサインがあったのよね。家の外でやたらと騒いでる猫の声が聞こえるから、見にいったんだけど、声はするのに姿がなくて。その後、猫が亡くなったって連絡を受けたの。最後に知らせてくれたのかな、って思って。まあ、わたしがそう思いたいだけですけど。

彼女が首筋を舐めてくれたその感覚を、あなたが何度も何度も思い出してしまうのも、もしかして、そういう知らせの類なのかもしれないなって思うことはできますよね。犬、基本的に嫌いな人には甘えないので。「どうしてわたしのことを思い出すときに、この人は自分を嫌いになるんだろう？　どうして苦しそうなんだろう？」って、彼女、思ってるかもしれないですよ。「すきなんだよ、受け取ってよ」って。何度も何度も。受け取ってもらえるまで、一生懸命に。

あなたと彼女をへだてるものは、あなたの中の罪悪感。

あなたと今の人間の彼女をへだてるものも、あなたの中の罪悪感です。

**その雲が晴れますように。**

この相談が公開されることでいろんな意見があるでしょうけど、誰に何を言われようが、それは「彼女」の言葉ではありませんからね。逆に、言葉にしないまでも、似たような経験をしている人はきっといると思いますよ。


わたしもなんか、これ書いて初めて、「あ、自分だってメス猫の発情期に付き合ったことあるじゃん」って気づいたわ。そしてオス猫とかオス犬とかにふぐりスリスリ（精一杯の上品な表現）されるのは、あの良い子ちゃんの番犬を思い出すし無理なんだよね。動物と関わるときにも影響するんだね、自分の性のあり方が。そっか、そもそも、人間だって動物だもんな。

人間の言葉を話さなかった「彼女」と関わる中で、あなたが感じたもの。それはあなたが言葉にしなくても、ただ、そこにあるものだと思います。ないということにしなければ、とか、もうなくなっちゃったんだ、って、あなたが思っても、ちゃんとあったんですよ。今まで、ずっと。


（２０２０年８月掲載）

# 同性の友人に欲情し、罪悪感を抱いています

「友人　恋人」と検索すると、関連検索キーワードはこんな感じです。

「違い」

「境目」

「わからない」

友情と恋愛の間で思い悩み、こっそりスマホで検索している人たちの姿が思い浮かぶようです。

検索結果を見ても、「友情と恋愛は別物」という前提に基づき、どう見分けるかを解説する記事がたくさん書かれています。

が……

果たして、本当に別物でしょうか。

友情と恋愛は、「分かれている」のではなく、「分けられている」ものなのではないでしょうか？

「友人」と「恋人」が別の単語として存在する現代日本語だけで考えていると、それぞれが当然別モノであるように思えてきます。けれどそもそも「友人」「恋人」を区別する考えは、明治以降、西欧から入ってきたものなんです。

では、開国前後の日本ではどう考えていたのか。また、西欧ではない国々……例えばアフリカのレソトとか中米のグァテマラでは、どう考えていたのか。今回はそうした実例を引きながら、「友達に欲情してしまった。罪悪感でつらい」というご投稿をもとに考えていきます。友情と恋愛の間に、なぜ線が引かれたのか。そして、どう線を引くかを。


はじめまして。お伺いしたいことがあり応募させていただきました。

私は生まれてからずっと異性が恋愛対象でした。ですが、この間同性の友人と遊んだときに彼女に欲情してしまいました。彼女は肩の透けたトップスにミニスカートをはいて来ており、その姿を一目見て「彼女の服を剝いで性行為をしたい」と思ってしまいました。

私は今までずっと彼女を仲の良い友人だと思っていましたし、今まで同性の方にそのような思いを抱いたことがなかったので正直驚いており、また、友人にそのような思いを抱いてしまったことにとても罪悪感を抱いています。

友人に抱いてしまったこの思いはただの気の迷いでしょうか、それとも私が気付かなかっただけで本当は私は彼女に恋愛感情を抱いていたのでしょうか？　それと、牧村様は友人に抱く感情と意中の人に抱く感情とをどのように区別されていらっしゃいますか？


胸の内をお聞かせくださって、ありがとうございます。

いや、しょうがないですよね。かわいいもん、かわいいものはかわいいもん。欲情しちゃうのはほんと、しょうがないことだと思います。

世の中には、「欲情しちゃうのはしょうがない」に「そんな格好してくるほうが悪い」って続けて手出ししたりいやらしいことを言ったりする自己中ウホウホモンキッキーのみなさんがいらっしゃいます。でもあなたはそうはなさらなかったのね。相手を思って踏みとどまり、その欲望と向き合った。

めっちゃかっこいいぜ。

以上!

って終わりたいのですが、まだよね。向き合う過程でたぶん、この2つのポイントが問題になってるんですよね。

**(1)欲情した。なので罪悪感を抱いた。**
**(2)欲情した。なので、友情でなく恋愛感情だったのではと思った。**

(1)については、「何も悪くない。自己中ウホウホモンキッキーにならずに相手を思いやり自分と向き合ったんだからえらい。すごい。だいすき」ということで、わたしから申し上げられることは以上です。

では、次に行きましょうか。

**「本当は私は彼女に恋愛感情を抱いていたのでしょうか?」**

ここです。性欲=恋愛≠友情、みたいになってるとこ。

恋愛と友情の区別を、性欲の有無で決める。この方程式、わりとポピュラーですよね。

でも、おかしいと思いませんか。

じゃあなんでセックスフレンドって言葉があるのか？

じゃあなんで「キスやセックスをしようとは思わないけど仲良し」っていう恋人たちがいるのか？

じゃあなんで「恋愛のトキメキは男性に感じる、でも性欲は女性にしか感じない（英語で言うandroromantic gynosexual／アンドロロマンティック・ジノセクシュアル）」というあり方の人たちがいるのか？

それはね。恋愛と友情が、分かれているものじゃなく、分けられたものだからです。

生きればわかるけど、人間のドキドキやムラムラやトキメキやヒリヒリなどなどを、キレイに整理しようとしても無理ですよ。機械じゃないんだから。それでもなぜ恋愛と友情が分けられたか、そしてなぜ性欲と恋愛が結び付けられたか。それは、**「恋愛と友情は別。恋愛の先にこそ結婚やセックスがある」としたほうが、社会の管理上やりやすかったから**ではないでしょうか。

●「恋愛→結婚→セックス」ルートが正しいとされた背景として考えられるもの

(1)ウイルスや病原菌の進化・新種登場により、性感染症が重症化・多様化した（例えば梅毒は諸説あるが15世紀ごろ、AIDSは20世紀に出現）。そのため、特定の性的パートナーとの間だけで関係を持つようにすることで、感染リスクを減らし、感染ルートを明らかにしようと試みられた。

(2) 貨幣や所有の概念が広まり、扶養・遺産相続・養育費などといった、家族間の金銭的な責任関係を表す概念も登場。そのうえ今のようなDNA検査もできなかったので、「この子は誰と誰の間に生まれた子供か」を、性的パートナーの限定ではっきりさせる必要性が生まれた。

で、こういう近代社会の運営方法を、西欧は植民地主義に乗せて広めたし、日本は岩倉使節団とか伊藤博文とかに持って帰ってきてもらって導入したわけです。「ちょんまげなんか恥ずかしい」って切り落として。

ちょっと世界を見回せば、ちょっと時代をさかのぼれば、現代日本式(というか、もともとは西欧式)ではない関係性はいろいろ出てきます。いまわたしたちは現代日本語で話し合ってるので、どうしても「結婚」とか「友達」とかそういう言葉を使って表現せざるを得ないんだけど、それでも例を挙げてみると、こんなやつがあります。

・チャミング(米国テネシー州メンフィス、19世紀ごろ)
女性の親友同士がキスしたり、ハグしたり、手をつないだりする行為のこと。

・カマラディア(グァテマラ領・チノートゥレコ族)
結婚のような儀式をもって一対一の親友関係を結ぶ関係性のこと。ケンカしたら、破棄の儀式もある。

・Motsoalle（読み方がわからないごめん／アフリカ・レソト王国）
年長の女性が、自分を慕ってくる年少の女性に、性の手ほどきをしたり勉強を教えたりする。Motsoalle関係は、女性が男性と結婚した後も続く。マミーベイビーともいわれる。

・エス（日本、明治〜昭和初期）
いずれ男性に嫁ぐことを強いられていた若い女性同士が、文通する、お揃いのリボンをつけるなどして強い絆を結ぶ関係性。

ね。人間と人間の関係の結びかたって、本当、いろいろでしょ。そういう中でたまたま、恋愛と友情を分ける派の文化圏に属するみなさんが優勢になっただけなのよ、人類。なのでわたしは、「ちょんまげ切らされてたまるかーっ」ってなりながら、武者のような勢いでエスの女の子たちの手紙を読みます。アマゾンの人たちの暮らしについて読みます。「パートナーとカレシと俺」っていう暮らしをしてるゲイの友人一家のゴミ出し当番制の話を聞くし、「うちら子供の頃お互いの首筋をなめあう遊びをしてたんだよね。ゾワゾワして楽しかった」と笑う幼馴染の女性同士の話を聞きます。それで、自分に戻って考えるんです。

自分はどう生きたいかを。

自分は、誰と、どう生きたいかを。

関係が社会を作るし、社会が関係を作るのです。あなたが、お友達と認識する人との関係において抱いた、「友達に欲情してしまって罪悪感。これは本当は恋愛だったのかしら」という思いは、めちゃくちゃ、社会によって形成されたものだとわたしは思います。

人は、人と、友達になれる。けどエスにもなれるし、チャミングもMotsoalleもカマラディアもできるはず。名前なんかないオリジナルの関係性を作っていったっていい。っていうか本当はそれぞれオリジナルの、かけがえのない関係性で人は結ばれているはず。ただ社会の運営やコミュニケーションの都合でラベリングをしているだけで、その中身はもっと自由なはずなんです。

あなたが、あなたの大切な人と、これからも、素敵にオリジナルな関係性を築いていけるように願っています。

（2018年4月掲載）

# どうすれば体目的ではない恋愛ができるでしょうか

「同性愛は生殖に関係ないから純粋な愛なんだね」説、マジでよくわかんねえわ♡　って思ってます。

これは「プラトニックラブ」の語源になったプラトンの対話篇『饗宴』から来てる説でしょうが、『饗宴』ってあれ、「飲み会」のカッコいい言い方でしょ。本の内容、「古代ギリシャ社会で男ばっかり集まって酒飲んで愛とか恋とか〝ぼくみたいな美少年がめっちゃ誘惑したのにソクラテス師匠は落ちなかったんすよ〜、ソクラテス師匠すごくないっすか？　マジ愛してる〟みたいな話してイチャついてる」話だからね。そんでもって、古代ギリシャ社会って「女は子を産み育てる家畜！　食うための仕事は奴隷にやらせろ！」みたいな思想の社会だからね。

哲学、好きよ。彼ら哲学者のおかげで、生きる意味とか考えちゃうめんどくさい生き物に生まれても生きられてる。だけどさ、肉体労働を奴隷に、生殖を女に押し付けといて、「肉欲より精神的な愛が高位だよね」とか、ほんといいご身分じゃない？　女を、生殖を、肉体を、知識階級の男同士のイチャつきのために見下してんなよって思うわけ。**やるわよ、女だって女と！**　ってことで今回ご紹介するのは、「女性に対する性欲が強すぎるのでは」とお悩みの女性の方からのご投稿です。対話形式でまいりましょう。

こんにちは！　まきむぅさんの文章が大好きでcakesや書籍などいつも拝読しています。広い視野と鋭すぎる洞察に支えられたあたたかい言葉にいつも元気をもらっています。

はぁ～い、こんにちは♡　ありがとうございます。今回も書くわよ～～。どっか～～ん。

今回ご相談したいのは、女性に対する性欲が強すぎることについての悩みです。カミングアウト済みの友だちに話すと「どスケベかよw」と笑い話になってしまうのですが、真面目に悩んでいます……。

じゃ、真面目にじっくりお伺いしましょう。

私は高校生の頃、自分が女性に恋をする女性であると自覚しました。大学に入ってからは、彼女が欲しい一心で二丁目に行ってみたりネットで知り合った人と会ってみたりしていたのですが、初めて女性と性行為をしてから、自分は彼女が欲しいんじゃなくて安心してセックスできる相手が欲しいだけなんじゃないかという疑念がわきあがってきてしまいました。それくらい女性との性行為にハマってしまい、ネットで知りあった女性と会ってみてもホテルに行かず解散したときなどとても無駄な時間を過ごしたように感じてしまいます。私が完全に体目的であることが伝わってしまうのか、ちゃんと交際に至った経験はほとんどありません。

自分でも最低とはわかっているのですが、街中の女性のこともえっちな目でばかり見てしまいます。中学生男子みたいでほんとに悲しいです。1人ですることもあるのですがすればするほど虚しくなってしまい、女性とセックスしたい欲が悪化してしまいます。将来は、生活を共にできるパートナーに出会いたいという気持ちもあるのですが、体目的で深い恋愛ができない自分が悲しいです。レズビアン風俗も調べてはみたのですが学生なので金銭面のハードルが高すぎて……。

どうすれば体目的でない恋愛ができるでしょうか？　まきむぅさんのご意見をお聞きしたいです。長々とした相談を読んでくれてありがとうございます。


「どうすれば体目的でない恋愛ができるでしょうか」？

「どうすれば体目的でない恋愛ができるでしょうか」ですって？

本当に体目的のヤツはそんなこと考えないわ！

本当に体目的のヤツはね、「どうすれば恋愛を差し挟まずサクッとヤれるか」ってことばっかり考えてるもんなのよ⁉⁉⁉‼‼⁉

……あらごめんなさい、いろいろ思い出して爆《は》ぜちゃった。うふふ。わたし花火みたい、夏ね♡

「どうすれば体目的でない恋愛ができるでしょうか」なんて、そんな。やりたい気持ちをきれいに表現した言葉が恋で、ひとしきりヤった後も消えなかったものが愛でしょ。ふたつ合わせて恋愛でしょ。わたしには「どうすれば肉目的でない肉まんを作れるでしょうか」みたいな話に聞こえるわ、それ。包んでいいのよ、肉欲も！　ちょっともう一回読ませてくださる？

・街中の女性のこともえっちな目でばかり見てしまいます。中学生男子みたいでほんとに悲しいです
・1人ですることもあるのですがすればするほど虚しくなってしまい、女性とセックスしたい欲が悪化してしまいます
・将来は、生活を共にできるパートナーに出会いたいという気持ちもあるのですが、体目的で深い恋愛ができない自分が悲しいです

なるほど。じゃあちょっと、事実関係だけ整理させてくださる？　この、「悲しい」「虚しい」といった感情はいったんわきにおいて。

（1）高校生の頃、自分が女性に恋をすると自覚
（2）将来は、生活を共にできるパートナーに出会いたい
（3）街中の女性のこともえっちな目でばかり見てしまう
（4）1人ですることもある

こういうことかしら。じゃ、これね、「これがもし、日本社会における異性愛男性の発言だっ

たら」って、考えてみてくださる？

**これ、めちゃくちゃ肯定されるんじゃないの？　「健全な男子！」「男だからしょうがない」とか言って。**

……何が言いたいかというと。

投稿者の方はおそらく、「性欲が強すぎる」わけではないのでは。

ただこの、異性愛者……正確に言えば女性愛者の男性の性欲が「健全な男子！」「男だからしょうがない」扱いされる世の中で、**女性として、また非・異性愛者として、自分の性欲を肯定することがまだできていないだけなのだと思うのです。**ご自身の性欲を「悪化」と表現し、自慰をしても慰められない罪悪感に苦しみながら。

終了終了!!　もう終了よ〜!!

どんどんやりましょ。ひとりえっちでもふたりえっちでも、ラブホ女子会（性的な意味で）でもどんどんっどんやりましょ。女の主体的性欲が押さえつけられてきたのはね、それが女の自由と自立につながるからですよ。親が決めた男となんか結婚しない娘の存在が日本社会のイエ制度にとって不都合だったからです。「出産・子育て・肉体労働はバカと女にやらせておけばいいよね」みたいな知識階級気取りの男どものイチャイチャ飲み会を支える存在を家に閉じ込めておきたかったからです。終了でしょ、そんなの。イエーイ！　大脱走スマッシュシスターズ！　ひゃっほー！　全裸全裸〜！　ダブル解放感〜！

どうかたんまり稼いでください。女性であるあなたが働いて賃金を得るという自由も、「妻が働いているなんて夫が安月給だと思われて恥ずかしいからやめろ」「女の仕事は家事と子育て。働こうだなんてわがままだ」「出戻り」「行き遅れ」「嫁に行けないぞ」みたいな圧力に屈しなかった昔の女性たちが、かつてブチ開け、いまのわたしたちに残してくれた脱走ルートなんです。稼いだお金でレズ風俗でもなんでも行けばいい。ヒルトンでもカールトンでも行けばいい。饗宴、やるわよ。気持ちいいこと全部しましょ。とくと味わいましょう。自由を。そしてまた継ぎましょう。次世代の人類に、自由を。

あなたを縛るものが本当はなんなのか気づき、それを解いたとき、あなたはまた別の女の子の縄を解くのを手伝ってあげられるレディになるでしょう。そしたらきっと、「ネットで知り合った女性と会ってみてもホテルにも行かず解散」する率もグッと下がります。端的に言えば、ヤれます。そんな夏を背に、あなたは新しい季節へ踏み出していくの。

ね、わたしたち、勉強をつづけましょ。この縄を解きましょ、哲学でもセックスでもなんだってやってやるの。わたしたち、プラトンよりもずっと未来に生きてるんだから。走り抜けるのよ、そのからだで。美しき知能犯として。

（2018年8月掲載）

## これは性嫌悪？　彼氏ができて1年半、前戯までしかしてません

「自分は性嫌悪なのかもしれない」

そんなご投稿を、今回はいただきました。子どもの頃、変質者に遭って、暗闇で急に声をかけられたあの瞬間が今でもフラッシュバックする。彼氏ができて一年半、前戯までしかしていない。自分は彼を愛することができるのだろうか……と、おっしゃるのです。

もう愛してるんじゃないの？　と、わたしは思いました。**愛は愛です。それだけよ。**

「愛する彼なら抱かれて当然、愛する彼なら生で当然、やらない女は〝性嫌悪〟」……そうやって愛という言葉で性欲をキラキラさせようとなさる方々はいらっしゃいますし、そういった方々にそれぞれのご事情はあるのでしょうとお察ししますが、知らん。愛は愛です。ちんちんで示さなくたって、愛は愛です。

日本語インターネットで「性嫌悪」を検索すると「性嫌悪は恋愛下手」とかのたまう出会い系サイトPR記事が上位に出てきちゃったりしてわたしはさっきまでキレていたのですが、性嫌悪というのはそもそも、アメリカ精神医学会の診断マニュアルDSMに載っている医学概念。「永続的な、または繰り返される、性的パートナーとの性器接触に対する嫌悪感または忌避感」【注8】と定義されています。

要するに、アメリカで苦しんでる人がいて、それを治そうとしたお医者さんがいて、そうやってできた診断マニュアルを日本も日本語訳して採用した、という流れなんですね。だから、信頼できるお医者さんのところへいらっしゃるのは良いことだと思います。

けれど、**医学だっていつも発達過程にある**ということを忘れて欲しくないんです。例えばアメリカ精神医学会は、1987年まで同性愛を病気扱いしていました。この事実からわたしは、「病気があり、社会がそれに対応する」という順番ではなく、「**それを社会が病気と呼ぶから対応策を考える**」という順番を見ます。性嫌悪という概念がアメリカ発祥であることを踏まえ、アメリカ社会がどういう社会であるかを、改めて調べてお考えになると発見があるかもしれない。cakesなら渡辺由佳里さんの連載『アメリカはいつも夢見ている』が参考になるでしょうし、わたしは『同性愛は病気なの？　僕たちを振り分けた世界の「同性愛診断法」クロニクル』という、同性愛という言葉がどうやって生まれ、どう使われてきたかの本を書いています。

話を戻しましょう。性器接触を伴わないふれあいで本人たちが満たされるなら、それでもいい。社会がそれをなんと呼ぼうが、出会い系サイトのPR記事がそれを恋愛下手と呼んで出会い系サイトに誘導してこようが、どうでもいい。と、申し上げたい。それが、現代日本社会で「性嫌悪」と呼ばれる概念についてわたしが思うことです。が、一つだけ、気になることがある。それは投稿者の方が、かつて男性の変質者に遭い、今も「憎むべき男性」という表現を使われていることです。

誰かに傷をつけられた時、その誰かが属するカテゴリ全体が憎くなってしまう。男から性暴力を受け、男全体が憎い。そうやって、本当は美しいはずの世界まで憎しみに覆われてしまうこと、本当は「あなた」と出会えたはずなのにその人が「そいつら」の一味にしか見えなくなってしまうこと、そうやって可能性を奪われてしまうことが、わたしには一番、くやしいのです。

**奪わせないために。**

考えていきましょう。今回ご紹介するご投稿は……ご質問は「なぜ恋人同士は性行為をするものなのか」という形をとってはいますが……おそらく、根本的にはこういうことでしょう。「男性の変質者に遭って以降、男性全体が憎く、そのせいでやっと出会えた彼氏のことまで〝憎むべき男性〟に見えてしまう」というお話です。

はじめまして、牧村さん。私は皐月と申します。戸籍上女（FtX）［※］のバイセクシャルで、シスヘテロ男性［※］と一年と半年ほどお付き合いしています。長文になるかもしれません。すみません。

私が今日牧村さんにお聞きしたいのは「恋人間のセックス」についてです。私は、彼と付き合って一年半年間所謂《いわゆる》「性行為」をしてきませんでした。というのも、昔（中学～高校、10代の頃）男性の変質者に声をかけられたり、過度なスキンシップを取られることが多くありました。好きな人は男性だったり女性だったりまちまちなのですが、戸籍上は女なので（外見も女っぽいです）変な男が寄ってきやすかったみたいです。そういうことがあったから、私は「他者から向けられる性欲」を極端に怖れるようになりました。実害を被らなかったとしても、確実に変質者達は10代そこらの未完成な、見知らぬ私を見て「欲情」していたという事実が受け入れがたく、そんな自分もまた大嫌いになってしまいました。子供だった私には「大人からの最低な裏切り」にしか見えませんでした。

そして、私は今そんな憎むべき男性とお付き合いしています。そして、性行為が出来ないまま一年半経過しようとしています。彼は「無理しないでマイペースに行こう」と言ってくれていますが、やはり合わせてもらってるのかなと心苦しい部分もあるのは事実です。前戯？　にあたる、所謂本番なしは大丈夫なのですが、「性行為」がどうしても耐えがたく恐怖なのです。バージンだからかもしれません、気のせいかもしれません。けど、気のせいが一年半も続くものなのでしょうか。

もしかして私は「性嫌悪」なのかなと思い始めているところで、クリニックにも相談してみようと思ってるのですが、どうしても牧村さんに聞いてほしい、お言葉が欲しいと思ってこの文章を書いています。牧村さん、「恋人達は、なぜ性行為をするのですか？」今の私には、漠然とした薄ぼんやりした不安と恐怖しか見出せません。暗闇で急に見知らぬ男性に声をかけられた、あの瞬間が蘇ります。愛のある性行為って、一体何なんでしょうか。私は彼を愛する事が出来るんでしょうか。不安です。

（※牧村注……ＦｔＸとは、女性とされて生まれたが、女性でもない男性でもないＸジェンダーを自認しているというあり方。シスヘテロとは、生まれた時に割り当てられた性別を生きる異性愛者。シスジェンダー／ヘテロセクシュアルの略）

お話を聞かせてくださって、ありがとうございます。

繰り返しになりますが、あなたはもうすでに、「愛のある性行為」をなさっているのだと思います。彼も「無理しないでマイペースに行こう」と言ってくれているのだし、あなたは「合わせてもらって心苦しい」とお感じになっているようですが、あなたと歩調を合わせて一緒に歩むことを決めているのは彼です。彼の選択と、ご自分の意思とを、どうか尊重してください。

・恋人は性行為をするものだ。
・挿入するまでは〝前戯〟だ。
・十代の子どもに大人が性的接触を試みることがある。

こういう社会をあなたは生きていらっしゃって、だから「本番」ができるようにならないといけないと思っていらっしゃるようですが、しかしこういう社会を組んでいるのは**誰でしょうか。そういうやつらですよね。**恋とはこういうもの、男性器を挿入することこそ「本番」、道を歩けば「変質者に注意」、ってもう変質者がいるのはしょうがないもんだからこっちが気をつけようみたいな空気出してんじゃねーよそっちがおかしいだろとわたしは子どもの頃からキレていたのですが、**それを決めているやつらがいるわけでしょ。わたしは従いませんよ。**

わたしは女を愛する女であり、男性器の挿入を伴わない性的接触を「前戯」だなんて、「前のお戯れ」だなんて言い方はしません。**試合開始直後から本気です。**あと射精やオーガズムを「フィニッシュ」と呼ぶセンスもないので。いつの間にか一緒に眠ってて、朝起きて、ベッドの中でなくしちゃったパンツを一緒に探すんだけど見つからなくてえへへってなって……そうやって続く愛とリビドーの時間に前戯もフィニッシュも何もないです。前戯とかフィニッシュとか言いたい人は言えばいいけど、わたし個人はわたしの性と人生にそれを持ち込もうとは思いません。

Xジェンダー、って言い方もね、日本ローカルルールなんですよ。性的嫌がらせや性暴力や女性蔑視を受けた女性が「Xジェンダー」を名乗る例、日本だとよく見聞きするんですが、これは「〝女子はコミュ力が高いので入試で減点しました。狙われるから短いスカートをはくな〟的な男性中心社会に歯向かう姿勢を見せないようにしながらその中で〝女扱い〟を受けることを避ける」平和的サバイバルだなあとわたし個人は思ってまして、いろんな人がいるとは思うんだけどとにかくね、英語だともっと攻撃的な言い方をします。

〈日本語での言い方〉
Xジェンダー

〈英語での言い方〉
ジェンダーベンダー（性の決まりをねじ曲げる、という言い方）
ジェンダークィア（性の〝ふつう〟を疑う、という言い方）
ニュートロワ（男でも女でもない新しい三番目だ、という言い方）……
※それぞれの用語は＝（イコール）で結ばれる関係ではありません。

**あなたは、従ってもいい。けど、従わなくていい。**

男性・女性のカテゴリを温存したまま、その外側にふんわりと浮かぶように生きることも、できます。けれどあなたは、ジェンダーベンダー（性をねじ曲げる人）であることもできる。クィア（ふつうを疑い挑む人）であることもできる。「女ですけど、あなたが思う女じゃないです」って、「性嫌悪は恋愛下手！　出会い系サイトに登録しよう」ってな空気をスルーしてロングヘアをなびかせながらあなたのやり方で女を生きることもできるわけです。そしてどのようにあるかを自分で選ぶことができるあなたは、その人は、人間一人一人は、他にまたといない、どんなカテゴリの中にあってもオリジナルな存在なのです。

**男性は、男性である前に、人間です。**

子どもだったあなたを傷つけたその人と、今あなたの前にいて「マイペースに行こう」と一緒に歩いてくれる、あなたもまた一緒に歩きたいと思っているその人は、別の人間です。彼らを同じく男性のカテゴリに入れる社会であろうが、その人たちは、別の、人間です。

あなたがどうするかはあなたの選択ですが、わたしは極力、言葉に使われたくない。ちゃんと考えて、言葉を、使いたいんです。挿入を伴わない性行為を、「前戯」と呼ばせっぱなしにしてたまるか。子どもの信頼をてめえの性欲に流されて裏切る大人と、あなたの愛する人とを一緒くたにまとめて、「男性」と呼ばせっぱなしにしてたまるか。……って。

絶対に、絶対に、絶対に奪わせないでください。気づいてください。奪えやしないのです。どんな言葉が流れる社会でも、**世界をなにでどう捉え、その中でどうあるかを決めるのは、あなた自身なのです。**

（２０１９年2月掲載）

## 「心の性別」って何？

「**心が痛むわ（J' ai mal au cœur）……**」

泣ける映画を見ながら、わたしはオシャレにフランス語でそう言ったつもりでした。

「それ（J' ai mal au cœur）、『ゲロ吐きそう』って意味だよ」日本語も話せるフランスの人が、日本語でそっとわたしにツッコミを入れました。

まったくもう、それこそ心が痛んだわよ！

外国語を勉強すると、こういうことがよくありますね。ある表現を外国語で言ってみた結果、ぜんっぜん違う意味になってしまうということが。

**だって言語によってそれぞれ、モノの捉え方が違うんだものね。**

日本語で「いいお天気ですねぇ」と言うところを、ナイジェリアやニジェールで使われているハウサ語では「さいきん雨降った？」と言うそうです。英語で「Good morning（よい朝ですね）」と言うところを、セネガルやモーリタニアなどで使われているウォロフ語では「平和な夜を過ごしましたか？」と言うそうです（参考：『世界の言語入門』黒田龍之助　講談社現代新書）。

そうやって考え方の違う外国語から言葉を輸入すると、時に、思ってもいないような意味になってしまうことがあります。

**今回取り上げる「心の性別」**という考え方も、実はその一つなのです。

それではまず、ご投稿をご紹介しますね。


先日、牧村さんの『百合のリアル』で性自認という言葉に触れ、自分の性自認は何だろうと考えたのですが、そもそも心に性別はあるのか、あるとしたら何を根拠に置けばいいのか分かりません。体の性別に違和感があるわけではないのですが、自分の心が男と女のどちらなのか、それともどちらでもないのか、考えてもピンと来ません。牧村さんは、心の性別とはどういったものだとお考えですか？


『百合のリアル』を読んでくださってありがとうございます。

「性自認」は英語の「Gender identity」を日本語で表現しようとした言葉で、『百合のリアル』35ページにも書いた通り「自分の性別をなんだと思っているか」という意味です。これを「性自認」でなく、「心の性別」と訳すやり方をよく見かけます。

でもね、この「心の性別」って表現、投稿者の方のおっしゃる通り、すっごくツッコミたくなるわよね？

「心に性別ってあったんだ⁉」って。

生まれたばかりの赤ちゃんの股間を見て「おめでとう！　元気な男の子です‼」って言うみたいに、なんかスピリチュアルな人がわたしの心を見て「あなた、実は立派なモノをお持ちですよ……」って言ったりするとでもいうのかしら？

さて、こうして考えていくと、あることに気づきます。

**「心の性別」という表現は、わたしたちにある前提を飲みこませる、ということに。**

「心の性別」っていうけれど、それ、そもそもそれぞれ「心」「性別」というものが存在すると信じてはじめて生まれる考え方でしょう。そのうえで「人はなにかしらの性別を生まれ持つ」と思うから、「自分の心の性別はなんだろうか」と考えることになるのよね。

ということで、「心の性別」の存在を信じることは、以下の3つの前提を飲み込むことにもつながってきます。

（1）人はそれぞれ、客観的に判断できる不変の性別を生まれ持つ。（性別における本質主義）
（2）人は、心と体でできている。（心身二元論）
（3）人は、男か女いずれかの性別に分けられる。（男女二元論）

**だけどこれら3つの前提は、もちろん絶対的真理じゃないわけです。**

あくまで考え方のひとつにすぎません。視点を変えれば、以下のような考え方だってできるわよね。

（1）人はみんな違うけれど、社会の中で男女の区別をされる。（性別における社会構築主義）
（2）人の心と体は、区別できないひとつづきのものである。（心身一元論）

## （3）性はいくつかに区別しきれない、虹のようなものである。（性別グラデーション論）

どちらかといえばこういう考え方のほうが〝最近の流行〟です。ただ、わたしはこれもまた、絶対的真理だとは思いません。「どっちが正しい」じゃなくて、「それぞれ見方が違う」。それだけの話なんだと思います。

**だから「心の性別」っていうものの見方も、別に信じなくったっていいのよ。**

「心が痛い」をそのままフランス語で言うと「ゲロ吐きそう」って意味になっちゃって通じないのと同じように、「Gender identity」を日本語で「ジェンダーアイデンティティ」とか言うと「あっなんか女性の権利とかの活動家の人かなぁ」みたいなイメージになっちゃって通じにくいから、「心の性別」という訳語があてられた。それだけのことなのよ。

そして「心の性別」という訳語があてられたのは、たまたま現代日本社会に性別本質主義的・心身二元論的・男女二元論的なものの考え方をしている人が多いから。

生まれる前から「男の子かなぁ、女の子かなぁ」と言われ、生まれてみれば「心と体の健康」とか言われ、学校で「男女平等」とか言われる教育を受けて育つ現代の日本人にとって、「心の性別」という言い方はとってもキャッチーなわけよね。「個人が自認する性別で生きることは人権である」という考え方がなじんでいない現代日本社会において、「心の性別と体の性別が一致しない障害なんです」いう説明はとってもキャッチーなわけよね。

というこ とで「心の性別」の正体は、翻訳の過程で生まれたイメージなんです。

**だから、ないと思えばない、あると思えばあるってものなのよ。**

物事はただ、捉え方ひとつです。どんな言葉で語るかということが、わたしたちに違ったものの見方をもたらしてくれます。

日本語で「心」と言われるものは、例えば英語で「マインド」「ハート」、フランス語で「エスプリ」などと表現されます。それぞれ「心」とは微妙に違った視点でしょう。沖縄の言葉には「ちむぐくる」という、「真心」に近いような独自の概念もあるそうですよ。ギリシャ語にも「ケフィ」という、日本語に訳せない独自のギリシャの心を指す言葉があります。アフリカや中東ではきっと、もっともっと違った「心」の捉え方をするのかもしれないわね。

そういう多様性を知って、わたしは「心の性別」というものを何か絶対的に存在するものだと考えなくなったんです。ないと思えばない、あると思えばある。そういうものだと思っています。ただ、やっぱり世界は選んだ言葉の通りに見えるもの。現代の日本人として「心」を「心」という言葉でとらえるわたしは、悲しい映画を観ると心臓あたりがきゅーっとなります。だけどね、古代シュメール人は「心は肝臓にある」って信じてたんですって。シュメール人に悲しい映画を見てもらったら、「肝臓がきゅーっとするわぁ」って感じるのかしら?

そんな感じで現代のわたしたちも、いつかこう言われるようになるのかもしれませんね。「2015年の日本人は、心というものに性別というものがあると捉えていたようだ」……って。

（2015年5月掲載）

# 切り分けられて、交わって

性の話って、突き詰めると関係性の話になるなあって思いながら書いています。「セックス」の語源って、実は「切り分ける」という意味の単語なんですよね。こういう流れです。

●ラテン語　secare（セカーレ／切り分ける）
●ラテン語　sexus（セクサス／生き物をオスとメスとに区別する）
●英語　sex（セックス／性別、性行為）
●日本語に英語からの外来語として入った言葉　セックス

日本語だと、「切り分け」じゃなくて「交わり」でしょう。「交合」「交歓」「交接」「性交」などの言い方がありますけれども。

それがラテン語由来の英語だと、実は「切り分け」だっていうの、面白いなあって思います。確かに、ひとときの交わりによって、ひととき、ひとつに混じり合って、そして、ふたつに切り分けられる、そういう廻りを感じています。あの行為は交わりであり、同時に切り分けであると。その廻り全体が、それ、なんだろうなあ、と。

じゃあさ、交わる前の、切り分けられる前の、この、自分、っていうのは、どこにいるの？って話じゃん。

それを確かめる営みがもっとあっていいよな、って話をします。性行為を経て、誰かの手によって「男になる」「女になる」「同性愛者になる」みたいな感覚じゃあ、「誰かと性行為しないと自分の性がわからない」ってことになっちゃうので。そうじゃないとわたしは思うので。

えっと、じゃあ、ヨガと、歌と、シークレットプレシャスタイムの話をしますね。


2015年ごろ、20代後半で、ヨガを習いました。なんかおしゃれだし、新しい発見がありそうじゃん。そんくらいのノリでした。その先生が本当にすごかった。

先生はわたしに、自分の体の内側の世界を発見させてくださったんですね。

再現します。記憶で再現するのでブレるかもだけど、こういう感じ。

「息を吸って。空気が、あなたの鼻を、気管を、気管支を通り、そして、ぶどうの房のような肺胞の一粒一粒を、ふくらませていきます。はい、では、気持ちよ〜く吐いて。また吸って。あなたを取り巻く空気は、つながっています。この部屋に……この街に……この空に……」

「はい、舌を出して。ハーッ。あなたの舌につながっている、あなたの喉が、食道が、胃が、グーッと気持ちよーく背伸びするように引き上げられるのを感じて……」

感じたことある⁉　胃の⁉　背伸びを⁉　胃の背とは⁉


そういうことをしているうちに、なんか、ここにある自分の肉体が面白くなってきたんですよね。

どういう気温で、どういう湿度で、どういう天気で、どういう明度で、どうなるか。どういう飲み物で、どういう食べ物で、どういう薬で、どうなるか。

どこを何でどのように刺激するとどうなるか。

自分の肉体において、性的なものとそうでないものの境目もよくわからなくなって。部位の上でも、状態の上でもね。

だから別に、誰とも関わってなくても、どこにも行ってなくても、自分の肉体で自分の肉体にいろんなことをやって探究してみるっていうのは興味深いことだなって、改めて、思ったんですよ。赤ちゃんが不思議そうに自分の拳を見るような、あの時の気持ちを、大人になってまた思い出したんです。

で。

30代前半で、歌を習い始めました。言葉の仕事をしているわけなので、いい声で伝えたいし、言葉の音の感覚を磨きたいし。どっかの港町で、渋いしわがれ声で歌うレズバーのジャズバーのババアになって、お酒と薔薇と音楽の、最高の晩年のフィナーレをいろんな人と楽しんでからマジ昇天って感じで晴れやかに人生を終わりたいなっていうのが最終的な夢だし。

そうしたらまた先生がやばいんですよ。

「Be greedy !!　もっとむさぼれ！」

「Be ugly !!　もっと醜く！」

日本社会でしとやかなごやか大和撫子ちゃんをやってサバイバルするためにわたしは、知らないうちにかわいい女性の声を身に付けてしまっていたらしいんですね。で、それが自分でいやだから、無理に男性っぽい声を練習して男装してた時期があって、またさらに喉に負担をかけるしゃべり方になっていたと。

そういう、「正しい女性の声」「正しい男性の声」みたいなやつをもう、一切やんなくていいから。って、言うんですよ。

赤ちゃんを観察しろって。

赤ちゃんの声って男も女もなく響き渡るじゃん、あれは「うまく出そうとしてる声」じゃないからなんだよ、って。「伝えたくって出ちゃう声」だからだよ、って。

人間は例外なく全員が赤ちゃんだったんだし、例外なく全員、声の出し方を知っていたはず。それが、成長していくうちに、「うまく声を出して好かれなきゃ」という意識が働いて、しかも声っていうのは性差意識にまつわる重大なファクターだと思われやすいので「うまく男の声を／女の声を出して他人に認められなきゃ」ってなって、どんどん、忘れてしまうんです。もともと自分の中にある、赤ちゃんの時は知っていた、自分自身の声、ってやつを……。

自分の肉体をもって、自分の肉体から、自分の肉体の中にもともと秘められていた何かを、解放する。そういう冒険を、もっとやっていきたいんですよね。本当、人間、最初はみんな、どいつもこいつも受精卵です。精子と卵子が合わさったやつです。それが細胞分裂を繰り返す。それぞれの分かれ道を生きていく。一つとして同じ形の肉体がない。生殖医療の技術者の人に聞いたんですけど、ヒト含むいろんな動物の精子や卵子つまり生殖細胞って、もうその時点で、一つとして同じ形のものがないんですって。同じ肉体から出てきたものでも、「全然やる気がない精子」「なんかすげえ泳ぎ回る精子」「尖ってる精子」「丸っこい精子」とかいろいろいるんですって。

すごいね？　生命。
すごいね？　肉体。

それをね、人間社会は、まあ、ね、運営の都合上、いろいろと分けますよ。男女二元論で男と女に分ける社会もあれば、それ以上に細かく分ける社会もあるんですけど。そしてそういう中でも、「男」とは何か、「女」とは何か、人によって認識が違ったりするし、それを統一するのはきっとできない上にすべきでないことだと思うんですけどね。認識の押し付けになっちゃうから。そういう中で、他の誰とも違うこの肉体を生きていて、ああ、自分にはついていないあの機能が欲しかったなー、って思うこともあるじゃないですか。あの人みたいな声を出したかった、あの人みたいな身体能力が欲しかった、とか。

わたし個人はやっぱ、精子、作れたら良かったのになって思うんですよ。愛した人が、卵子を作る人だったので。あと、排卵は自分の手では難しいし出てもよくわかんないけど、射精は自分の手でコントロール可能なわけじゃん。ある程度ね。それに、「保健体育の教科書には書いていなかったけど、自分には陰核というものがついており、ここを刺激すると気持ちいいのが広がる」「それは生理学上、伸びれば陰茎になるものである」「つまりこの気持ちいい陰核の感覚を大好きな人への挿入で味わうことができる肉体を持っている人が世の中におり、それはちょっといっぺん試してみたいわねという気持ちがある」というところもあるので。

で、そういう自分の内側の望みを、切り分けずに……良いとか悪いとか、同性愛だとか異性愛だとか、トランスだとかシスだとか、別に切り分けずに、ただ、感じています。で、探究、しています。「自分の陰核を　めちんちん　と名付けて、好きな人との行為を自分の中で映像化しながら吸引系の刺激を与えるとマジで挿れている感覚になれる上に射精タイミングとか射精先とか頑張ってコントロールしなくて済むのでめちんちんかなり便利だな」とか、「そうか、この道具をペニスバンドと呼ぶからなんか相手の女性と自分の間に謎の知らん男が挟まってる感じがして常温の違和感があったんだけど、これをclit extensionつまり陰核のエクステと呼んだ人がいるのか。天才だな。しかも実際、使うと陰核及びそこに連なる感覚神経に刺激が伝わるように設計されているし、世界は天才であふれていて美しいな」とか。

こんな感じの自分のことを、普通じゃない、っていう人がいるであろうこともわかってます。けれど、自分にとっては、自分の肉体を生きている自分にとっては、ここにある自分の肉体を無視して、無理して自己否定することのほうが、普通じゃないと思うんです。

「肉」から「人」を一つ減らすと「内」になるの、面白いなって思います。

一人きりでの、自分の肉体の内面への探究。

それはもうそこにすでにあるので、切り分けなくていいんです。名付けなくてもいいんです。どこからが性的で、どこからが性的じゃないとか。自分をＬＧＢＴＱ＋それ以外の何で呼べばいいのかとか。これは普通とか、これは異常とか。

ちょっと下手すると死んじゃったり怪我したりする系のやつはそこから探究が続けられなくなる危険性あってもったいないのでちゃんと自分と他者との安全性を確保して欲しいんですけど、肉体を持って生きる生命おのおのの意思と安全が守られてさえいるのならば、あとはもう、良い旅を。それだけです。

あなたがもし、何かの理由で、どこにも行けない、誰とも触れ合えない、って、震えていたとしたって。

あなたがそこに、あなただけの肉体を持って、生きていること。その事実がもう、旅の扉だと、わたしは思うんですよ。そして、旅は、一つとして同じにはならないものです。出る時期によって。出た人によって。出た回数、知った深さによって。

だからあなた自身をもっと知って、もっと深く探究してみてください。あなただって、今この瞬間も、変わり続けているのだから。

## 「性科学の誕生 欲望／消費／個人主義 1871-1914」

ローレンス・バーキン著
太田省一訳
十月社1997年

産めよ、増やせよ、お国のために。そうして囲い込まれた欲望を暴発させるような、エロ・グロ・ナンセンスと変態性欲ブーム。19世紀の末、日本にも大きな影響を及ぼした学問・性科学は、なぜ生まれ、なにを生んだのか。同性愛／異性愛カテゴリの誕生ほか、性の近代史の根っこを探る本です。

## 「あなたのセックスによろしく 快楽へ導く挿入以外の140の技法ガイド」

ジュン・プラ著
高橋幸子 監修・吉田良子 訳
CCCメディアハウス2021年

「男はこう、女はこう！」とか言わず、全編が性中立的な言葉で書かれています。挿入とオーガズムのプレッシャーや、性別による役割から自由になるための具体的知識を図解で身につけられる本。性別違和に悩む時にも、ソロプレイをなさる際にも、世界中で自分しか持っていない自分の体への理解が深まります。

## 「ピンク・トライアングルの男たち ナチ強制収容所を生き残ったあるゲイの記録 1939- 1945」

ハインツ・ヘーガー著
伊藤明子訳
パンドラ1997年

「アーリア人種の女性と男性で優秀な子供を作って強い民族になっていかなければ」と本気で信じていた人々が統治するナチスドイツ時代、強制収容所に入れられた著者が見た、同性愛者を「正常」に矯正しようとする善意の人々の過ち。政治と宗教、双方に同性愛を禁じられた聖職者の横顔が胸を打ちます。

## 「現代緊縛入門」

青山夏樹著
(株)ブランドール発行2016年

一般の書籍としては流通していませんが、SM用品・同人誌などの取り扱いがあるお店で販売されているマニュアル。そもそもなぜ人が人を縛るようになったのかという歴史から、用具の手入れ、鍼灸師が解説する人体構造、事故防止策と実際の事故例などを網羅。事故をなくしたい一心で作られた本です。

### 本の調べ方

性にまつわる本は、世界各地の専門書店が面白い。通販で買いたい場合、古書は「日本の古書店」で性の本を揃えた古書店を探してます。「ラブピースクラブ」「ヴィレッジヴァンガード」通販サイトも、店員さんの志を感じるセレクションです。

# 第3章 恋人・家族のふつうって？

# 彼氏にセフレを見つけてあげたい

今回ご紹介するのは「彼にセフレを見つけたい」というご投稿です。

牧村さん、こんにちは。

つきあい始めの彼が、昔からずっと、自分自身の強い性欲に悩まされています。毎日3回は射精しないと、思考回路が鈍り、体調も悪くなるのです。

以前、彼女の他に4人のセックスフレンドがいたことがあり、いちばんストレスなく暮らしていたそうです（もちろん彼女はそれを知りません）。セックスフレンド達にもパートナーがいて、お互いに体だけの関係を納得し、モメたことはないといいます。

私と彼の関係は、彼に彼女がいるときに惹かれあい、すべての女性と別れて私と付き合うことになった（つまりは浮気から始まった）ため、そうした背景を知ることになりました。

はじめは、よくある浮気性かと受け止めていたのですが、徐々に、本気で性欲の強さに振り回されているからなんだと実感するようになりました。

もちろん、そのすべてに私が応えてあげたいのですが、私たちは同居を望まない（これまでそれぞれにパートナーと同棲した結果、「家族」になりときめかなくなる変化が怖い）ため、それは叶いません。

そこで、私はいま、彼のセックスフレンドを探そうとしています。彼が私の知らないところで、恋に落ちるみたいにして女性との関係が始まるのが嫌なので、初めから了承済みの関係を結びたいのです。相手の女性も、おなじ関係を求めているなら、ウィンウィンなのかとさえ思っています。こんな思考回路は愚かなのでしょうか？　そして、こんな考えは自己中心的で、女性を見くびっているのでしょうか？

誰にも相談できず、煮詰まっているので、どうかアドバイスをください。

ご投稿ありがとうございます。

あなたと彼とまだ見ぬ彼女（たち）の間で合意が取れているなら、わたし含む外野どもが口出しすることじゃないなと思いました。

が。

あなたは、彼と彼女（たち）を思い通りにすることはできません。

っていうか根本的に、人間は他者を自分の思い通りにすることができません。

良い悪いじゃなくて、不可能、って話です。

なので今後、もし。もしもね。仮定の話ですよ。あなたの彼と、あなたの見つけた彼のセックスフレンドが、「本気になっちゃった。私たちお互い本命でお付き合いしたいから別れて」ってなったとき、あなたは「私が決めてあげたのに！　私が見つけてあげたのに‼」みたいな痛烈な被害者意識に苦しめられてしまう可能性が高いわね〜と思いました。良い悪いじゃなくて、つらい、って話です。実際あなたと彼もそうやって始まったんだしね。「私たちお付き合いしたいから別れて」。

っていうか、そもそもなんですけど、
あなた、本当は、本心は、心の奥の奥では、

**「彼にセックスフレンドを見つけたい」なんてこと、全っ然☆思ってらっしゃらないんでしょ?**

彼、魅力的な方なんでしょうね。そんな魅力的な彼に愛されたい、理解ある本カノでいたい、理解ある本カノとして愛されたい、本カノの地位を死守した上でセックスフレンドに本カノ了承印を捺印したい、そう思ってるからそうやって「彼にセックスフレンドを見つけてあげたいです」だなんて、「理解ある私」を一生懸命やっていらっしゃるのではないですか?

だって「彼にセックスフレンドを見つけてあげたいです」って本気で思ってたら、既にやってるでしょ。本気で思ってたら超楽しそうじゃんその行為。

彼とふたりでワクワクドキドキTinderスワイプエブリデイでしょ?

え、今の音読しよ?

**「彼とふたりでワクワクドキドキTinderスワイプエブリデイ」!**

プロフィール文に「彼女がいるんですけど性欲有り余ってます。ステディなセフレ大募集。3P応相談。アットホームなヤリ場です。カップルインスタはこちら↓」って書いてリンクさせたら、まーーだっりぃ正義の味方ヅラのメッセージもいっぱい来るでしょうけど(「不謹慎です!」)、あとはまあ勇気のありすぎる人も来るでしょうけど(「彼女さんはセフレ募集してない

んですか？　男性です。見た目悪く言われません」）、それ以上に、最高にイカれたメンバーで映え映えハッピーサマーできそうじゃん。ヒャ〜〜楽しそう。女子たちみんなでキラキラ屋上ビアガーデンでソーセージをシャ●エッセンCMのように「パキッ♡」する動画アップして欲しい。やだー超楽しそう。インスタのブーメラン機能で延々ループさせて欲しい。「パキッ♡」「パキッ♡」「パキッ♡」「パキッ♡」「パキッ♡」

ああ、それを彼氏目線で見たい人生だった……

マスタードが目にしみるぜ。それはともかく、以上をまとめると、「**別に彼氏にセフレを見つけてあげるのは勝手だけどやりたくなさそうだからやらなくて良くない？　って思った**」という感想文でした。アドバイスじゃないです。だってあなたたちが決めることだからわたし関係ないもん。夏の感想文でした。

でもまあ、何もしないなら何もしないで何も動かせないんですよね。何も動かさないであるがままにしておくというのも一つの手といえば手ですけど。

不安で体が動いちゃう！　ほっとけない！　何かしたい！

という場合には、わたしだったら次の二方向からアプローチを考えるかなと思います。

順番に行きます。

・システム対応
・メディカル対応

## ●システム対応

・なぜ恋愛が一対一のものとされたか？　↓結婚が一対一だから

・なぜ結婚が一対一のものとされたか？　↓明治以降、欧米に先進国として認められたかった日本が、男女の夫婦で新戸籍を作るシステムにしたから。および、性愛を家族内で管理して性感染症が広まらないようにするとか、「生活保護？　ご家族はお仕事されてますか？」「お子さんが国民年金払ってないんで世帯主のあなたに払ってもらいますよ！」「母親ならポテサラくらい作ったらどうだ⁉」みたいにして家族内の相互扶助を前提とすることで公の負担を減らす、「ご家庭の事情ですからご家庭でなんとかしてください。知りません、助けません」って切り離す思惑があったから

・感想↓人間はシステムの構成パーツじゃないんですけど

「家」も「国家」も、システムです。誇り高くシステムの構成パーツをやりたい人はやればいいけど、どうせなら自分らで設計したくね？　という話だし、システム面であきらめさせられていることがあったらアプデ要求したくね？　という話です。

（※牧村注：アプデ……アップデート。国家のシステム組んでる人をソーシャルゲームの運営にたとえて、ゲームシステム改善してくださいと申し上げている）

しかも日本という国家がシステム組んでいく過程見てると、まーーじでさ、

「中国兄ちゃんすっげ〜！　それ儒教っていうんすか？　男尊女卑？　年功序列？　めっちゃ秩序じゃないっすか〜！　最高っすね！　ウチもやります！」

「アメリカ兄ちゃんすっげ〜！　フランス兄ちゃんドイツ兄ちゃんかっけ〜！　それデモクラシー？　ネオリベラリズム？　ロマンチックラブ？　ワイマール憲法？　っていうんすね！　進んでる〜！　てか男女平等？　実力主義？　めっちゃ自由じゃないっすか〜！　最高っすね！　ウチもやります！」

って感じじゃん。かわいいよね〜。だから「なんでカップルみんな同棲してしまうん？」とか、そういうところから疑問を持ち始めて自分らで国家システム内に小さい自分らシステムを構築しようとしてみるっていうのはやりがいのある試みだと思う。そうするとまあ、誰が実権握るとか、決まり事の恣意的解釈とか、抜け穴くぐりとか、まさに国家システム内で起こってる問題がそのまま自分らのシステム内に発生するんだけど、大きく捉えて頑張ろうね。参考になる本はいっぱいある。特に図書館や本屋さんの歴史・社会の棚に。

## ●メディカル対応

性欲にまつわることもまた、システムに沿うように矯正されちゃうんですよね。

例えば「妻を前にして勃たないんです」って医療に助けを求めた人、多くの場合は「いかに妻の前で勃つようにするか」って方向性で治療を受けることになるでしょ。いろんなお医者さんがいると思いますけど、基本はＥＤ、勃起不全という診断名を受けて家族システム内で適応できるように矯正していくことになる。

じゃあ「すごい性欲強いんです」って人はどうなるかというと、多くの場合、医療に助けを求めないんですよ。そもそも性欲を面白おかしい下ネタとして扱う空気が社会にあるし、「彼女に内緒で4人もセフレがいるなんて！」って倫理で殴ってくる人もいるからね。

でもまじで、本人が、その体を生きている本人が、「射精しないと具合悪いのつらい。彼女に隠し事したり我慢させたりして、そういう自分を好きになれない。つらい。治したい」ってなっているんだったら、それは医療の分野で改善できる可能性があることを覚えていてください。いまわたし彼女さんじゃなくて彼氏さん本人の方を向いてしゃべってますよ。泌尿器科です。また同時に、このことも振り返りましょう。

「人間は人間社会システムに適応しやすいあり方を健康扱いし、そうでないあり方を医療分野で矯正してきた前科がある。女性の性欲を精神異常扱いして、二度と性感を得られないように本人の同意なくクリトリスを切除したり（※1）、同性愛者とされた男性に性犯罪を犯した異性愛者の睾丸を移植したり（※2）、そういうことをしてきた反省の最中にいまの医療もあるのだ」

（※1『ヴァギナの文化史』イェルト・ドレント著　塩崎香織訳　作品社　2005　p.343〜355）

（※2『同性愛は「病気」なの？　僕たちを振り分けた世界の「同性愛診断法」クロニクル』牧村朝子　星海社　2016　p.59）

型に自分をはめるため、自分を削るやり方もある。けど、その型を作ってるのもまた、人間なんですよ。あなたと同じ、わたしと同じ、人間なんですよ。

人間、やってこ。人間関係。

ままならなさを、変化ととらえて。

（2020年7月掲載）

# 「普通の家庭を持ちたい」と、同性の恋人に言われました

時間を止める魔法は実在します。その一つは、「悲しみ」と呼ばれるものです。

あまりにも悲しい出来事に遭遇すると、その人にとっての時間は止まってしまいます。食事や睡眠も忘れてしまい、ただその出来事ばかりが回り続けます。ぐるぐる、ぐるぐる、ぐるぐる。それはそれで酔ってきて、苦しいのに変に気持ち良かったりするのよね。ぐるぐる、ぐるぐる、ぐるぐる、ぐるぐる。

だけど、悲しい魔法のメリーゴーランドだけじゃ、さすがに飽きるでしょ。遊園地は、っていうか世界は、もっと広いもの。飛び降りましょ。歩けば酔いも冷めるわ。まだ次に何に乗りたいのかわからなくっても、探せばいいの。今日ご紹介するのは、「普通の家庭を持ちたい」と打ち明けてきた同性の恋人を引き止めたいとおっしゃる方からのご投稿です。

対話形式でお送りします。


まきむらさん、こんにちは。本読ませていただいております。ツイッターやネットでの連載も拝見させていただいております。

あら、ありがとうございます。わたしを見つけるなんてお目が高いわね。
それで、どうなさったの。

私には出会って10年、付き合って4年の彼女が居ます。彼女に「実は普通の家庭を持って子供を産みたい。あなたのことはとても愛しているから辛いけど出来るなら友達に戻りたい。今ならまだやり直せると思う。このままだと私は後悔する日が来てしまいそう。私は普通の家庭が持ちたい。」と打ち明けられました。

まあ。それであなたは、どうお思いになったの。

どんなことがあっても私と二人で生きていきたいと話してくれていたのでショックでした。社会人3年目、周囲に結婚や出産の話を振られる度に辛い思いをしていたそうです。それも悲しかった。

そうよね。そりゃショックよね。悲しいわよね。そんなお気持ちでいらっしゃるご自分のことをまずはいたわってほしいところだけれど（大泣きするとか海辺を走るとかゼリービーンズ食うとかして）、そんなお気持ちの先に、あなたはどう行動したいのでしょうか。

普通の家庭ってなんですか？　助けてください。彼女にとって理想の普通の家庭に私は入

**れないみたいです。でもお互い愛しているし、一緒に居たいのは事実です。友達になんか戻れません。彼女と前向きに話し合えるヒント、もらえないでしょうか？**


あら。やあね。

もうご一緒にいらっしゃるじゃない！　これまでも、これからも。

あのね、人間の関係性において、「戻る」ことなんかあり得ないと思うの、わたし。なんなのかしらね、この「友達に戻る」って言い方！　この恋愛至上主義的な世の中においては、あたかも友達が下で恋愛が上みたいな言い方がめちゃくちゃはびこりまくってていますよね。

**・友達に戻りましょう**
**・友達からスタートしましょう**
**・友達以上恋人未満**

けれど、あなたは、戻らされなくていい。少し休んで、進めばいいの。

「友達に戻りましょう」っていう彼女さんの言葉は、要するに「もうセックスしないし私を好き勝手にさせてほしいけど縁は切らないで」というのを、彼女が罪悪感薄くて済む形で表現した言葉なんだとわたしは思うの。つまりは彼女さん、あなたと関わること自体は続けていきたいみたいよ。少なくとも今はね。

その上で、「前向きに話し合う」っていう投稿者の方の言葉も、要するに「わたしの思い通りに行動してくれるように、つまり恋人でい続けてくれるように説得したい」って意味でしょ？　そうだとしたら、悪いけどわたしの耳には、どっちの言い分も、ご自分のためのキレイゴトにしか聞こえません。お互いがお互いに「わたしの好きにさせてよ！」って言ってるのね、似た者同士のお二人ね、って感じ。たぶん今回のこと、根本的に向き合うべきはそっちよ。普通の家庭がどうこうみたいな話はあくまで表面のことであり、根本的には「普通の家庭が持ちたい」vs「彼女にとって理想の普通の家庭に私は入れないみたいです」ってお互いが自分のことしか考えてない状態だからだと思うわよ。

だからこそ、いっぺんちゃんと友達してみるっていうのは、お互いにとって、とても良いことだと思うのです。

「周囲に結婚や出産の話を振られる度に辛い思いをしていた」人が、「普通の家庭が持ちたい」っておっしゃるんでしょ？　じゃあ、「その〝普通〟に自分が入れてもらえないよ〜〜」って悲しむより、「彼女が〝普通〟を押し付けられて辛い思いをしていたことに、恋人でありながら気づけなかった。恋人だから遠慮してたんだよね。じゃあ、これからは友達としてなんでも遠慮なく話し合えるかな。一緒に考えて行こうよ」って態度でいたほうが、ある意味、今までの恋人関係よりも深い友達関係だとわたしは思います。

これまでに戻らないで。これからを、はじめましょ。

わたしも長らく、「恋人∨友達」って考え方をしてました。けど、フランス語の勉強をしたおかげで、「あぁ、現代の日本語で考えてたせいだな」って気づけたの。和仏辞書で「友達」って単語を引くと「ami(e)」って出ると思いますけど、この単語はラテン語の「私は愛する(amō-)」に由来していています。「友達とは私の愛する人」っていう昔の人の感覚が、現代の言葉に残ってるのね。

また現代フランス語でも「petit(e) ami(e)」というような形で、「ami(e)（友達）」という単語を日本語で言うところの恋人に使います。つまり友達と恋人は、現代日本語で考えると別モノに思えたりするけど、フランス語では愛でつながってる、ってわけ。

（関連記事cakes：『フランス語の「恋」と「愛」の違い』【注9】）

あと、投稿者の方が「普通の家庭ってなんですか？」とおっしゃっているところの、「普通」って単語もそうよ。フランス語では、「ありがちな／平凡な／つまらない」という意味の「普通」と、「標準の／ルール通りの／正常な」という意味の「普通」を、全く別の単語ではっきり言い分けます。

・つまらない普通……「バナル」
・ルール通りの普通……「ノルマル」

例えば、うーん、「バナルな服でしょ！　でもここではこれがノルマルだからなあ」みたいな感じかしら。誰かのバナルは誰かのノルマルだし、その逆もまた然りなのよ。日本語で〝普通〟をぶつけられて痛い思いをしたら、（これがこの人のノルマルざますのね。バナルざますわ、シェ〜）ってフランス語混じりで思っておけばいいわ。それからしっかり、自分自身のノルマルをつかみに行けばいいの。

普通の家庭が持ちたいと告げられた悲しみ。友達に戻りたいと恋をなかったことにしてしまうような言葉。それらが、ぐるぐる、ぐるぐるしても、食べて、眠って、思い出してください。あなたは、悲しみよりも自由。あなたは、言葉よりも自由です。彼女の自由を、あなたの自由を尊重しながら、歩いて、きっと見つけてください。バナルじゃない、あなた自身のノルマルを。

（２０１７年12月掲載）

# 自分のせいで彼女に子供ができない

「心配」と「支配」が似た音の言葉なのは、日本語のいたずらだなあ、って思うのです。

今日ご紹介するのは、「同性の恋人である自分と一緒にいたら彼女には子供ができない。彼女の〝当たり前の幸せ〟を奪っているのは自分なのでは」と、心配、していらっしゃる方からのご投稿です。


私は現在大学生で、高校の頃からお付き合いしている同性の彼女がいます。最近では、「卒業したら結婚式を挙げて指輪を買おうね」という話もしています。

でも時折目も合わせずに、こんなことを2人で呟《つぶや》き合うのです。

「子供欲しいね」

「私と貴方との子供ね」

私と彼女は子供が大好きです。そして私は彼女のことを愛しています。彼女からも沢山、愛を感じます。それ故に諦められない思いが、目を合わせずともひしひしと感じるのです。

彼女が子供を作れない現在に追い込んだのは、高校の頃彼女に告白した私のせいなのではないか。当たり前の家庭を、幸せを、奪ったのではないかと酷い罪悪感にかられます。

この思いを口に出して話し合ったこともあります。それでも、彼女は私のそばに居ることを望んでくれます。それが私の心をさらにえぐるのです。

でもきっと、私と同じようなことを彼女も思っているのでしょう。性行為が終わった直後、私の頬に涙を落としながら笑って言うんです。

「こんな事しても、私は愛しかあげられないや」

「貴方の未来の幸せを誰よりも願ってるのに私が奪っているね、ごめんね」

もうどう返事をしたらいいか分からないのです。胸が詰まって吐きそうになるほど苦しくて、ただただ、「私も同じことを貴方に思っているの。ごめんね。でも、誰よりも貴方のことを愛しているよ」って心の中で反芻するんです。

『好きって気持ちがあれば充分』『子供が欲しくて恋愛してるんじゃない』そんな綺麗事も周りの言葉ももう全部全部分かっているんです。でも、私は彼女に綺麗事も嘘もありきたりな愛の言葉も言いたくないんです。

私達はこれからもずっと一緒にいていいのでしょうか。「幸せ」って何なのでしょうか。


幸せとは何か。そりゃあ、異性と結婚して家族を築くことなんじゃないかしら。ご投稿の言葉を借りて言うところの「当たり前の家庭、幸せ」でしょう。それを相手から奪うなんてひどいことね。だからとっとと別れて、どっかの結婚相談所に彼女を入れて差し上げたら？　ツヴァイとかゼクシィ縁結びとか行って。

……うふふ、ごめんなさいね。ついつい意地悪を言っちゃった。だってあなた、ご自分が全く欲していないものを「幸せ」と呼んでいらっしゃるように見えたのだもの。

投稿者の方のおっしゃる「当たり前の家庭」……つまり、愛する彼女ではない男性との結婚と性交渉と出産。そんな未来を相手の方が望んでいないらしいことは、ここからわかりますよね。


**この思いを口に出して話し合ったこともあります。それでも、彼女は私のそばに居ることを望んでくれます。**


「当たり前の家庭」は、彼女の望む未来ではない。ですから、奪うも何もないわけです。

大丈夫です。子供ができないとわかっていても愛し合うことは、子供と生きる未来を奪うことではありません。未来を奪うということは、「愛する」ではなく「殺す」ことです。生きている人間には意思があり、それぞれの人生があります。決めたのは、あなたではなく、相手です。幸せは、未来は、本人が決めることです。

それでもあなたの愛しい彼女は、ツヴァイにもゼクシィ縁結びにも行ってないんでしょう？　プロフに「年収800万円未満の方はごめんなさい」とか書いてないんでしょう？

じゃ、考えましょうか。もちろん金持ちの男性と結婚して子供を産む幸せもあるんでしょうが、どうもそれじゃないっぽい以上、自分の幸せとはなにか、と。

あなたたちお二人に涙を流させているのは、「二人の子供が欲しい。でもできない」ということだと思います。わたしも同じことで泣きましたが、泣いた後で考えたのは「なぜ子供が欲しいのか」ということです。この気持ち、理解のために分解してみましょう。

●子供が欲しいという気持ちを分解すると出てくるものの例
（1）子供を産むのが女の幸せだと世間一般で言われている。
（2）子供を産むと親が幸せなのではないかと思う。
（3）子供を産むと世間に評価されるのではないかと思う。
（4）子供を産むと「子はかすがい」的にカップルの関係が安定するのではと思う。
（5）子供を産むことで家族ができる気がする。
（6）子供を産むと愛する人を失ってもその血を継いだ存在と悲しみを分け合えるのではと思う。
（7）子供ってかわいい。

以上はあくまで例です。もしあなたが「子供が欲しいけどできない」という理由で泣いていらっしゃるなら、ぜひ、以上のリストの自分バージョンを作ってみていただきたいと思います。そうするとそれぞれの気持ちに「子供を授かる」以外の答えも見えてきたりするんです。例えばこんな感じに。

・「子供がいることが世間一般の／親の／女の幸せだ」系
↓知らんがな。私は私の幸せを探すだけやがな。

・「子供がいることで確かな家族が／確かな愛が得られるのでは」系

↓んなこたない。（参考資料：血縁があってもうまくいってない数多の家族たち）

・「子供が好き、子供ってかわいい」系
↓私は「子供ってかわいい」と雑にまとめられるのが大嫌いな子供だったことを大人になっても忘れたくない。子供が好きなのではなく、小さくて無垢《むく》で自分になつく存在がかわいいだけなのだということに、私が預かった子供がハサミに針をくくりつけた武器を密造していたのを見つけて全身汗かいて体の震えを隠しながらも優しく事情聴取してなんとか片付けてもらうという経験をして思った。

以上の経験と考察を踏まえてたどり着いた答えは、これです。
「わたしは愛した人が同性だったので産まないけど、同性同士でも産んだり子育てしたりしてる人がいるのは知ってる。そんな中でも産まない選択をしたのは自分自身であると胸を張りたい。そして、『いかに女に産ませるか』という方向で少子化対策をする政治を支持せず、出生率を上げるより自殺率を下げる（＝すでに生まれている子供が死にたくならないようにする）方向で考えたい」
あなたの答えは、どうですか。それを自力で見つけるのが、生きること、幸せを求めることだとわたしは思うのです。

いろんな日があるの。生きてるんだもの。なのに、世の中で幸せとされるものに自分をはめ込んだら、はい、そこでハッピーエンド、そのまま死人の肖像画みたいになる気がするの。

（『ハッピーエンドに殺されない』牧村朝子　青弓社　P.12）

かつてわたしが思っていた幸せは「安定」でしたが、「安定」を幸せだと思う人が、遠くに進学する子を引き留めたり、会社をクビになった夫を捨てたりしているのを見て、「これはわたしの幸せじゃない」と思いました。今は「変化」を幸せの過程だと思っています。「ここからここまでが幸せ」という勝手な線を引いて閉じこもらず、常に知ろうとすること、変化し続けること、それがわたしの生であり、幸せです。

知ろうとするって、すごいんですよ。例えばご投稿者の彼女さんがおっしゃる、このセリフ。

**「貴方の未来の幸せを誰よりも願ってるのに私が奪っているね、ごめんね」**

これ、日本語世界にとどまってると「ごめんね」でしかない。「ごめんね」とは文字通りの意味では「御免ね」、つまり、「免除してね、免罪してね」です。要するに「私を許してね」と言っているわけです。

でも例えば現代ギリシャ語の「ごめんね」は違う。「συγνώμη（シグノミ）」と言います。「συγ（シ）」は「共に／同じく」、「γνώμη（グノミ）」は「想い／認識／知識」というような意味です（日本のニュースアプリのグノシーと語源が一緒ね）。まとめると「シグノミ」は、「同じ想い」。

よって現代ギリシャ語の「ごめんね」は、「今はあなたと同じ想いです」ということ。「私の行いのせいで生じたあなたの痛みを今なら感じます。今はあなたと同じ想いです」というふうに、ギリシャ語では謝るんです。

　これを知って、嬉しかった。わたし、女を愛する女として、「ごめんね」しないで「シグノミ」すればいいんだと思ったの。自分を許してもらおうとするのではなく、相手の想いを少しでも知ろうとすればいいんだ、相手の想いを自分のハートで感じて寄り添えばいいんだ、って思ったの。「ごめんね」しか知らない日本語話者だった時より、「シグノミ」を勉強した今のほうが、わたし、より自由な気がする。自分の知らないことが世界にあるワクワクと、それを知ろうと手を伸ばすドキドキが、わたしの幸せなのよね。もちろん「シグノミ」の気持ちで「ごめんね」を言う日本語話者もいるでしょうけど、「シグノミ」を知っているおかげでよりはっきりするじゃない？「自分が許してもらいたい気持ち」じゃなく、「相手の想いに寄り添いたい気持ち」にフォーカスするんだって意識が。

「自分のせいで相手が不幸」とか、「自分がいないと相手は不幸」とか。そういう世界にとどまる自由も人にはあるけど、それより必ず、世界は広いのです。知ろうとしましょう。自分を。知ろうとしましょう。相手を。知ろうとしましょう。この世界を。そうしたらきっと、思い出せるはずです。自分はたとえ一人でいても孤独なんかじゃなく、はじめからすべてとの関係性の中で生きていたんだ、ってことを。

（２０１７年12月掲載）

## 彼女を亡くしました。周囲には「別れた」と言っています

言えない、けど、話したいこと、抱えて生きるあの感じが、「さみしさ」の正体なのかもしれない。今回ご紹介するのは、同性の恋人を亡くされ、彼女が恋人だったのだと言わずに友人として葬儀に参加した数年後の今、周囲に「婚期逃すよ」「子供欲しくないの？」などと言われている、という方からのご投稿です。

牧村さんこんにちは。大学生の女です。

亡くなった恋人のことをいつまで引きずってよいか悩んでいます。

高校生の頃からお付き合いをしていた女性がいたのですが、数年前に持病の発作で亡くなりました。田舎町ゆえか同性愛への理解がある人が互いの家族を含めいなかったのと、彼女の希望もあって、交際していることは誰にも話していません。亡くなった時も友人伝手に辛《かろ》うじて連絡が来て、友人のひとりとして参列しました。今でもお墓がどこにあるのかもわかりません。周囲には、「過去付き合っていた人がいるが、結局別れた」という体で通しています。

今はどうにか毎日を過ごしていますが、そろそろ就活について考えていく年齢になり、将

来のことを考えざるを得なくなってきました。今でも亡くした彼女のことを愛していますが、これからもずっと彼女を思いながら一人で生きていける精神的な強さはありません。周囲に結婚の話や子供の話を振られるたびに「今はまだいい」と答えていますが、婚期逃すよ！　子供欲しくないの？　タイプの人とかいないの？　という返しをされて、辛くなってしまいます。いっそカム［※］して、彼女が亡くなった話もして、世間一般的な女性の将来の話をされるのを避けようと思ったこともありますが、周囲の理解が低い事や彼女の意思を考えると、話はしたくないなと思います。

だからといって、いつまでも彼女のことを一人で引きずっているのも精神的に辛いです。最近は、子供じみた高校生の恋愛を引きずっているのもどうなんだろう、彼女のことが辛いだけでレズビアンではないのではないか、と思うことも増えてきました。そう思ってしまう自分にも嫌気が差します。

いつまでもこのまま、彼女のことを思い続けてよいものでしょうか。過去の思い出と振り切って、将来のことを意識するべきでしょうか。

（※牧村注……「カム」とは、「カミングアウト」のこと）

お話しくださって、ありがとうございます。

愛する人を亡くすという非常事態にあっても、彼女の「周囲に言わずにおきたい」という意思を尊重なさったのですね。「友人です」という体で、静かに耐えて。よくぞ、今日まで。「彼女を思いながら一人で生きていける精神的な強さはない」とおっしゃいますが、こうした日々は必ず投稿者の方を強くしてきたことでしょう。「どうにか毎日を過ごしている」と言いながら、悩み抜いた一日、泣いて眠った一日、自分に嫌気が差しつつも自分を生きた一日を重ねていくごとに、サバイバル記録は着々と伸びていくのです。精神のアスリートみたいなものよね。

けれど、周囲に関係を明らかにしていないがゆえに、投稿者の方に過剰な負荷がかかってしまっているのも事実だと思います。トレーニングにたとえるなら、重たいバーベルは軽いバーベルよりも早く人を強くする一方、その人を痛めつけてしまう危険性も秘めていますでしょう。だから人はつらい時、悩みを打ち明けて、人に一緒に持ってもらうわけよね。「こんな話してごめんね、重いよね」とか思うんだけれども、相手がちゃんと一緒に持ってくれたなら、その人と一緒に強くなっていける。

だからわたしはね、カミングアウトだって……亡くした人が「友人」どころか愛する人だったんだと言ってしまう行為だって、責めるつもりはないの。何も恥じることはないんだし、それで亡くなった方や遺された方に実害が及ぶのであれば、害を及ぼすやつのほうが悪いんだもん。ひとの愛をなめんな、って話よ。だけど……投稿者の方は、それでも「彼女の意思を考え」、言わないことを選んできた。立派だけど、全部の負荷が投稿者の方にかかってしまっていたわよね。今までは。

でも、これからは違う。彼女の意思を守ったまま、匿名で、個人が特定されない形で、投稿者の方は、話すことを選んでくださった。お名前も呼べないし、お会いすることも叶わないままだけど、わたしは少なくとも、原稿を書き始めてここまで1時間20分、一緒に持たせていただいた気持ちよ。勝手にだけどね。さらに勝手を重ねてしまうなら、この本に関心を持ち、開いて、ここまで読んでくださったあなたも、もしかして、この投稿者の方に寄り添いたいと思ったり、同じような経験を思い出して「自分だけじゃないんだ」と思ったりしていらっしゃるかもしれない。わからないけど。

要するに言いたいのは、「みんなあなたの味方よ‼（熱血）」みたいなことじゃなくってね。「話してくださってありがとう。それで少し荷物を下ろした気持ちになってくれたらいいな」ってこと。

周りに一緒に持ってもらう感覚が、もし「いいな」と思えたら、少しずつ、任せられるところだけでいいから、そうやって周りに頼んでもいいかもね。「婚期逃すよ〜」とか言ってくるやつも、「彼女を亡くしたので」とは言わないまでも「愛する人を亡くしたので」と言えば、意外と、一緒に受け止めてくれるかもしれないわ。勝手に彼氏だと勘違いしながら、かもだけどね。

さて、その上で、よね。ご質問はこれでした。

「いつまでもこのまま、彼女のことを思い続けてよいものでしょうか。過去の思い出と振り切って、将来のことを意識するべきでしょうか」

わたしがお答えするまでもないわね。

言葉というのは暴れ馬で、答えに向かってすでに走ってしまっています。


「彼女のことを思い続けてよいものでしょうか」

「将来のことを意識するべきでしょうか」


読み比べると全然違うでしょう。

これ、思い続けてよい、という許可が誰かから欲しいんでしょう？　周りの誰もそう言ってくれないから。

就活という状況下、さらに、就活大学生にすら「婚期逃すよ」とかいう人がいるような環境なら、「将来を意識するべき」という空気を感じてしまうのも仕方のないことでしょう。でもあなたは、「思い続けてよいものでしょうか」って、まるで許可を求めるようにおっしゃる。その「許可が欲しい感じ」を、許可なんかなかろうともぶち破るのは、大丈夫、他ならぬ自分の意思ですよ。意思とはつまり、愛ですよ。

過去が懐かしいかもしれない。未来が不安かもしれない。そんなはざまで、今、愛したいなら、愛してください。刻々と変わる空の下、いつも、今の自分に耳を澄ませて、あなたの気持ちが「あの子を一生愛すべき」じゃなく「それでもあの子を愛したい」という意思であり続ける限りは、その意思を貫いてください。大丈夫。自分だけでもここまで愛してきたんだもの。誰にも理解されなくたって、もう彼女に触れることができなくなったって、自分で、自分の意思で、愛してきたんだもの。

どういう死生観をお持ちでいらっしゃるかわからないけど、わたしなら……もしわたしならね……「あの子にいっぱい思い出話を持って帰ろう」って思って生きるかな。命が続く限り、一分一秒でも長くこの世を感じて。つらいことも楽しいことも結局、この世の一部だから、ビュッフェみたいに一回りして食べてやるのよ。つらかったことだって、「苦かったー！　でも食ってやったわ！」って、言いたいもん。

愛する人には、いいとこ見せたいじゃない？

（２０１７年８月掲載）

# 家族に自分の考えを押し付けてしまう

気持ちいいんですよね。「それはダメだよ。こうしなよ！」って言うの。その、なんか誰かを否定する気持ちよさにハマってしまう感じ。実は、自分こそ自分のやってることを本当にいいと思えてない状態にあることが原因だと思っていて。

他者を否定することは、自己を肯定したい気持ちのあらわれ。みんなが不安で世の中もSNSも荒れがちな今日、「それはダメだよ。こうしなよ！」って叫ばれるのもつらいけど、叫ぶ人の内面もきっとつらい。どうしよっか。今回は、「家族に自分の考えを押し付けてしまう」とお悩みの方からのご投稿をもとに考えていきます。

まきむぅ、こんにちは。

崩れかけていた心を包みこんでくれるような言葉をこの連載で頂けてとても救われました。ありがとう。

私が今、悩んでいることは家族に対して自他境界を引けないせいで相手を傷つけてしまうことです。

他人に対してはあまり興味も無く、自分から人と深く関わることは滅多にありません。でも、家族だと自分と相手を混同してしまうことが多々あります。

例えば妹と母が話しているときに自分には聞かれてもいないのに「私だったらこうするのに」とか、「そんなことをするなんて変だからやめて」など自分の考えを相手にぶつけてしまうことがありました。

家族といえども他者、自分の思い通りに動くはずが無いことを頭では分かっていても、気づいたら口を出してしまいます。

家族にも自他境界を引きほど良い距離で接するには、どのような心がけをすればいいのでしょうか？


考えて考えて、文章にして送ってくださって。ありがとうございます。読ませていただきました。

じゃ、この文章、妹さんとお母さまにお見せしませんか？

えへへ。ごめん。それができたら苦労してないですよね。ま、それができたら一番だとは思うんですけどね。

とにかく、投稿者の方、この連載に送ってくださってありがとうございます。読者さんと一緒にこれを広く読めるのはすごく意味があることだと思ってて、なぜなら、「あ、めちゃくちゃ否定してくる家族もそれはそれで苦しんでたりするの？」って思うきっかけにできるからです。内面〜。人間の内面に対する想像力〜。

「だから許し合おう☆」……とは簡単には言わないです。考えていきましょう。わたしちょっと、否定的な態度をとる人の例を思い出して書き出すね。

あなたの人生で、否定的な人っていましたか？
わたしの人生だと、例えば、こんな人かなあ。

（1）「コンビニ食品を滅ぼし、天然無添加無農薬食材をみんな食べるべきだ」と主張する人。「では、コンビニ食品を食べる人と話したことがありますか？ その人たちはそれぞれ、なぜ、コンビニ食品を食べるのだと思いますか？」と聞いたら、「バカだからでしょ。バカと話しても仕方ないじゃない」と吐き捨てた。

（2）「お前ら同性カップルには子供ができないから本当の家族にはなれない」と、わたしのネット生放送に匿名コメントをしてきた人。「あなたは、子供のいない夫婦のことも家族じゃないって思うんですか？ あなたにとって家族ってなんですか？」と聞いたけど、質問には答えてくれなくて、「養子を取りなさい。ウソの子供を愛しなさい。ウソの家族をやりなさい」みたいなコメントを連打してた。すごかった。

（3）「東大に進学して欲しかった……」と言ってきたわたしのおじいちゃん。理由は超明確。漁村に生まれ地引き網を引く子供時代を戦争が襲ったので学校に行けず即就職したが、戦後豊かになってみたら、年下の大卒に社内レースでガンガン追い抜かれ、『大学も出てない人はやっぱ字が汚いですね（笑）』と言われ、『くそっ。大卒がそんなに偉いか！』とブチギレてめっちゃ字を練習して書道家になったレベルの負けず嫌いだったから。

え、おじいちゃんマジ人間くさい。すき。

ってことで（1）から（3）まで並べてみました。（3）のおじいちゃんだけ理由が超わかる。それはたぶん、一番向き合ったからだよね。あなたが人生で遭遇した否定的な人リストについては、どうですか？　理由わかる人、いる？　わかんないにしても、その否定的な人たちが、もし、

・他人に対してはあまり興味も無く
・家族といえども他者、自分の思い通りに動くはずが無い
・自分が相手を傷つけてしまうことに悩んでいる

って、こうやって書いて、悩んでるって知ったら、どう？

わたしは、「もー！　素直に〝愛して〟って言ってよー！」って思う。

一番、自分が傷つきたくないいんじゃん？　自分が嫌われたくないいんじゃん？　傷つきたくない、嫌われたくない。なのに、他者、めっちゃ自分が傷つくこと言う可能性ある。自分を嫌ってきたりもする可能性ある。うわあ。だから、自分を傷つけてくる可能性が一番低そうな人、自分を嫌ってくる可能性が一番低そうな人に、つい言ってしまう。「ああしなよ！　こうしなよ！　そん

なの変だよ！」。それでも自分を傷つけない、それでも自分を嫌わない……ように見える、その人。そんな人だからこそ余計嫌われたくない、傷つけちゃったら嫌われちゃうかも、だから、「相手を傷つけてしまう自分に悩んでいる」ってなるのでは。だとしたら。

**それ、「嫌われたくない」になってしまった「愛されたい」じゃん。**って思う。もー。まったく、もー。

じゃあ、どうすればいいかって言うと……これ以上言うのは野暮だよね。もうわかってるよね。ってか、最初からわかってるんだよね、たぶん。わかってるのに。わかってるのに。わかってるのにその、「嫌われたくない、傷つきたくない」安全地帯に立てこもってしまうんだよね。「他者は自分の思い通りに動いてくれない」って思うから。それを、「他者に興味なんかない」なんて理由つけてさ。

おじいちゃんの話に戻りますね。

おじいちゃん、わたしは好きだけど、実際、結構やばくって。わたし、おじいちゃんが死んでから、お弟子さんに謝りに行ったことがあるんだよね。

いや、本当にやばかったの。わたし子供の頃、おじいちゃんに書道展に連れてってもらうことがよくあったんだけど、おじいちゃん、「こいつの字はここがなっとらん！」みたいなことを超言うんだよね。人前で、でかい声でさ。たぶん、若い頃に言われた「大学も出てない人はやっぱ字が汚いですね（笑）」事件の傷が、一生、痛んでいたんだと思う。でもそれは、他の人を傷つけていい理由にはならないじゃん。しかも、身内、書道の世界における自分の身内ばっかりディスるのは正直かっこ悪いことじゃん。それ、身内に甘えてるだけじゃん。

「生前の祖父はずいぶん言いたい放題しまして」

って、謝ったのは五月だった。お弟子さん、「あー」みたいな顔して笑ってた。答えの代わりに、こんな話をしてくれた。

「先生はいつも、八重桜の季節になると、必ず、お庭から一枝お持ちくださっていたのですよ」

わたし、知らなくてさ。おじいちゃんがそんなことしてたの。五月だから、帰り道の八重桜はもう散った後で。お弟子さんの作品を人前でむちゃくちゃ否定しておいて自分の庭から八重桜を贈る態度、いや〜、それ、いろいろ言いたいことも聞きたいこともあるけど、ね、八重桜はもう、散った後でさ。

なんだよ。毎年咲く身近な花なんか選びやがって。

たぶんさ、みんなさ、それぞれ理由があるんだよね。「コンビニ食品絶対滅ぼすマン」にも、例えば「愛する人の持病が食品添加物のせいだと信じている」みたいな背景があるかも。「子供がいないと家族じゃないマン」にも、例えば「どうしたってどうしようもない不妊を理由に離縁された」みたいな背景があるかも。

人は人を傷つけるよ。人は人を嫌うよ。でも、それには必ず、背景があるんだよ。だからっていって「許そうよ、愛そうよ」とは簡単には言えない。でも、少なくともわたしは、「どうしてそうするの？　どうしてそれを信じるの？」って、聞くことはやめたくなくてさ。だって、八重桜はいつか散っちゃうから。必ず散る時が来るから。そのくせにまた咲きやがるから。同じような、違う花で。
謝れずに八重桜を差し出す書道家、謝れずに天然無添加自然農法手作りベジおやつ試食会への招待を送ってくるナントカの会認定フードマイスターに、人は傷つけられるかもしれないし、嫌うかもしれない。けど、なんか、思い出しちゃうんだよ。花を見るたびに。コンビニのシュークリームを見るたびに。

どうして？　どうして？

解けない謎で満ちた世界。答えなんかないのかもしれない。自分自身の、他の誰かの、人間ってやつの、ままならなさ、わけわかんなさを、もう、どうしよっか。どうしようもねえな。どうしようもないくせにあきらめられないそれを、どうしよっか。
わかってるけどできないそれを、やれる勇気は持てないままで。そのままできないでいるのに、悩んで考えるポーズは、都合がいい。「一緒に考えていきましょう」と始めたこの連載を、わたしは、「これからも考えていきましょう」では締めません。あなたは、何をしますか。わたしは、何をしようかな。

（2020年4月掲載）

# 親からの性の呪縛を断ち切りたい

傷つかないで済むように、従順なふりをしていても、傷ついてるじゃんもうすでに。開き直りで、傷口閉じて。

お送りくださった人生相談の中には、多くの人に見られることを意識してかせずか、「**すごい謝ってる相談文**」も少なくありません。「自分のせいです、これも悪かったんです、あれもできてないんです、長文乱文申し訳ありません、でも……苦しいんです」っていう。

そういうのを読むと、なんというか、うれしくなります。「**自分が悪いんだから、苦しいだなんて言っちゃいけない**」**って思わされてる人が、やっと**「**苦しい**」**って言えた。**という、スタート地点だから。

「自分のせいだから」と黙ってしまうことも、「あいつのせいで」と恨みに囚われることも、もうやめたい。自分の人生の新章、自分のペンで書いていきましょう。

今回ご紹介するのは、「過保護・過干渉な母親のもと、恋もおしゃれもすることのない、色気づかない〝娘ちゃん〟をやらされてきた」というおたよりです。

親からの性の呪縛（？）から離れるにはどうしたらいいか悩んでいます。

私の親は、いわゆる過干渉・過保護な人で、幼少期から、恋愛の話はタブー、色気づくのはみっともないみたいな謎の空気がありました。

ドラマは見れないし、ヘアアイロン欲しいとか、中学時代の学生用下着はもう嫌だとかもなかなか言えませんでした。

決定的におかしいと思ったのは、大学1年の時で、初めて異性と体の関係を持ってしまったとき、母がなぜかその事を知っており、「髪を気にしたり、男が出来たのがすぐ分かる、どこの人なのか」と問い詰められたことです。相手がヤリモク（※牧村注……体目当て）だったことより、親にいまだに監視されていたことのほうがショックでした。

前置きが長くなってすみません。もう大人だし、親の言うことなんて気にしなくても良いのは分かっているのですが、例えば、私は可愛らしい髪型やファッションが好きなのに、いざそうすると、ワクワク感より謎の罪悪感とか、ふさわしくない、変だという気持ちになって、疲れてしまいます。また、恋愛対象は男性なのですが、「あの男性かっこいい！　魅力的！」とか思うのも言うのも恥ずかしくて、その反動（？）で女性アイドルを追っかけたり、「可愛い女の子好き」になったり……（純粋に可愛い女の子に憧れもありますが）

1番良くないのは、中学時代から今まで、ありがたいことに、好きな男性にアプローチしてもらえることは何回かあったのですが、自分も好きなのに、反射的に逃げたり、好きな気持ちを隠したりして、相手を傷つけてしまったことです。今では恋愛がすっかり怖くなってしまいました。

もちろん、全てが親のせいではなくて、自分に自信がないとか、色々あるとは思います。

親のせいにするのは甘えだと分かっているけれど、もっと良い家庭で、仲の良い夫婦のもとに生まれていたらと思うと、悔しくて悲しくて……私はどこから直して行けばいいのでしょうか。

　まとまりのない長文、大変失礼しました。

お話しくださってありがとうございます。いま相談者の方がお話しくださった内容の一部を、もう一度、左記に抜粋します。

言えませんでした
ショックでした
すみません
恥ずかしくて
ありがたいことに
アプローチしてもらえる
怖くなってしまいました
自信がない
甘え
私はどこから直して行けば
大変失礼しました

……どうでしょうか？

わたしは、「〝可愛い女の子〟だなあ」、と思いました。

**「お母さまの望む通りの〝可愛い女の子〟だなあ」、と。**

恥じらい、はにかみ、受動的、言い返さないし、謝るし。

口紅をひかぬ唇で、意見を言わずに従順に、ママの言うことを聞く可愛い女の子をやることであなたはどうにかママの管理下を生き抜いてきた。けれど、子供は「育てられる」だけのものではない。育つんです。自ら。

ママの言うことを聞く可愛い女の子として育てられる日々の中でも、あなたは、確実に育ってきた。自ら、育ってきた。別に、もうママに可愛がられなくても生きられるところまで。

それなのに、あなたの中に棲みついた、ママの残像があなたを責める。

**「私は可愛らしい髪型やファッションが好きなのに、いざそうすると、ワクワク感より謎の罪悪感とか、ふさわしくない、変だという気持ちになって、疲れてしまいます」**

娘ちゃん、そんな格好まだ早いわ。似合わない、ふさわしくない、変よ、男が出来たの？……

ママを、置いていくの？

**置いていきましょう。**

実際にあなたがそういうことを言われ続けているならば、そこに止まっているとお母さまご自身も「娘ちゃんを指導するママの私」でいることから離れられないんですよ。また実際にあなたがもうそういうことを言われていないならば、あなたの足を止めているのは、お母さまでも、あなたでもない。**過去、でしかないんです。**

「娘ちゃんを可愛いお人形さんみたいに扱うママ」

「ママの可愛いお人形さんにさせられ続ける娘」

こういう相互依存関係がなぜ続くかというと、まず根本的に、ある種の男性が可愛いお人形ちゃんを求めている現状があるからです。マトリョーシカってあるでしょ。人形の中に人形の中に人形の中に人形……ってなってる、入れ子構造の人形。あれです。

**欲望マトリョーシカなの。**

「勝った男性ばかりが女性たちを独り占めして負けた男性は子孫を残せない」っていう野生の残酷さを恐れ、人間社会は女性から教育機会を、職業を、発言権を、社会的地位を奪ってきた。女性も男性も人間同士として別居の上で通い婚をしていた時代が終わらされ、女性が人間でなくモノ扱いされ、女性が男性の稼ぎで養われることと引き換えに、昼も夜もお世話する役として家に留め置かれる仕組みを作った。それを、愛なんていう綺麗な言葉でまばゆく誤魔化して。

「結婚しても仕事続けていいけど家事はちゃんとしてね？」

「誰の金で生活してると思ってるんだ？」

そうやって〝**ボクのお人形ちゃん**〟**にされた女性**が、やがて母親となり、娘をお人形にする。人形の家を出られぬままに、母親が、娘をお人形にする。「ママの言う通りにして。おしゃれはまだ早いわ」と。そして夫に上目遣いをする。「ねえあなた、私、ちゃんと、良い母親をやれているでしょう？」

私は、あなたの人形妻になりました。丁度父の家で人形子になつてゐたのと同じことです。それから子供がまた順々に私の人形になりました。そして私が子供と一緒に遊んでやれば喜ぶのと同じやうに、あなたが私と遊んで下されば、私には面白かつたに違ひありません。それが私達の結婚だつたのですよ。

（ヘンリック・イプセン『人形の家』劇中、妻から夫に向けられた台詞。島村抱月訳 角川文庫）

お人形にされた娘は、お人形のように可愛がられながら恐れているんです。母のように大人の女性になれば、自分もまた、男性のお人形にされてしまうのかもしれないって。母のように大人の女性になれば、自分は、母から男性を奪いうる存在として疎まれてしまうのかもしれないって。

おかあさん、わたし、子どもよ。おかあさん、わたし、いい子にしてるから。おかあさん、わたし、男を盗らないからね。見て、おかあさん、わたし、可愛い女の子が好き。**男の人じゃなくて、可愛い女の子が……**。

そうやって見つめた先の可愛い女の子アイドルたちも、また、みんなのお人形さん扱いされ、性的なことを含む意思決定権を奪われています。

男性とお泊まりすれば丸坊主で謝罪させられ、降格される。【注10】

性経験に全く関係なく起こる月経期間を過ごすために必要な衛生用品である生理ナプキンを持っていただけで、なぜか「非処女確定」などと言われ中傷される。【注11】

事務所に騙されて水着の仕事をやらされ、やったらやったで学校を退学させられる。【注12】

意思を持っちゃいけないんです。お人形だから。

そんな場所で、欲望マトリョーシカな人形の家で、従順にお人形をやっていくことを選ぶのも一つの生存戦略ではあるんですよ。傷つかないように。叱られないように。

だけど……傷つかないで済むように、従順なふりをしていても、傷ついてるじゃんもうすでに。

**開き直りで、傷口閉じて。**

わたしとしては根本的に「まずは戦い疲れて〝俺に従順な女〟を必要としてしまう人々がお人形ちゃんとして人間を使うことからやめてくれ、わたしも童貞ディスだとか男性の美容・生活スキルを嘲笑まじりに女子力って呼ぶ空気だとか男同士でディズニー恥ずかしいみたいな空気だとかにちゃんと一緒に怒っていくから」と申し上げたいところですが、それは欲望マトリョーシカの外側。今回おたよりくださった方がいらっしゃるところまでマトリョーシカ開けていくと、具体的にやれることとしては、わたしが思いつく範囲ではこの3点です。1つずつ行きます。

## (1) ママを読み解く

ママが過保護・過干渉だったことで自分が意思決定できなくなってしまった。というのが今回の話ですが、では、なぜママは過保護・過干渉になったんだろう。っていうことを読み解いていきます。生育環境。正しき母であれという重圧。性にまつわる心の傷。「**その人をそうさせた何か**」が見えてくれば、その人自身と自分との関係の中だけで煮つまらなくていいというか、もうちょっと視界が広くなるんですよね。

ただ、知るというのは、知らないで済んでいたことを知ってしまうとか、関わり続けるとかいうことにもなるので……しんどいな、やだな、と思ったら、読み解かないで一行で書いて済ませてしまうのも手です。例えば「ママは世間から正しいママだと思われたかったんだな」。以上。このように、訳あってこれ以上知りたくない相手のやべえ行いに理由をつけてお片付けする際のコツは、相手を知りもしないで設定を作り込まないように一行で済ますことと、「これは一行で済ましているんだぞ」ってことをちゃんとわかっておくことです。**自分を守るために一行で済ましとく**のであって、人を決めつけない。「あいつのせいで」を膨らませすぎない。自分で膨らませてしまった「あいつのせいで」に囚われないためにね。

## (2) 誰のためでもない盛装

可愛い格好が好きなのに罪悪感を抱いてしまう……とのことですが、まずは誰の目にも触れない場所で、一人で着てますか？　わたしは、マジで思いっきり好きな格好をした上でそれを誰かに認めてもらおうとはしない時間を定期的に持ちます。**一人きりでめちゃくちゃ好き勝手盛装パーティ**。そうすると「これをやったらどう思われるか」じゃなくて「これをやってます。今。あとはどう最高度合いを高めるか」って思考に移行できるからな。イヤッフゥ〜〜。

## (3) 生氣を燃やす

感動しすぎて何度も書いてるんですが、「怒り」は、中国語の繁体字で「生氣」と言います。ダウナー方向の悲しみに沈んでいると「怖い……恥ずかしい……自信がない……」みたいな守りに入りますが、そういう時は「……って思わされたまま何もできずに次の瞬間死んだらどうすんの？」って思うんです。めっちゃ悔しくないですか。わたしなら化けて出ちゃうね。死んでなお化けて出るくらいのアッパーな怒り、そう、生氣。内なる生氣を燃やしたら、「やったるで」ってなります。今まで、否定されてきたことも。

例えばわたしはわりと同性愛に否定的な大人たちの中で育ちましたが、「は？　こいつらのせいで一生女子と触れ合えないまま死ぬのとか無理すぎん？」と生氣を燃やして女子と情熱触れ合いワンダーランドいたしました。やったるで。やったったで。やれんまま死んだら化けて出るレベルの怨念だったけど化けて出たってもう肉体がないんだもんね。**肉体あるうちにやったろ**。って思いました。このように、こいつらのせいでこのまま死ぬの無理すぎん？　という気持ち。生氣。生氣を燃やすために、自分がいつか必ず死を迎える存在なのだということを思っているんです。

以上3つはわたしがやったことなので、あなたに効くかどうかは知りません。あなたのおっしゃる、「もっと良い家庭で、仲の良い夫婦のもとに生まれていたら」バージョンのあなたも、おわかりのように、存在していません。ただ。

どう生まれても、こう生きてやる。

そんな生氣を、燃やして欲しいのです。可愛い良い子ちゃん人形が、魂を宿し、体温を灯し、人間になっていくように。一個の、人間になっていくように。

（2020年11月掲載）

## もうすぐ同棲。でも、障害年金をもらっていると言えなくて

ただいま、令和2年の4月。

全世界の全社会の全人類が一斉対応能力テストされているようなこの状況、本当に、生存、おつかれさまです。

毎日毎日、誰に補償するの、誰を検査するの、誰が誰を誰の誰に誰は誰の側につくんだ！ってなってる感じがして本当もう心から「おつかれさまです」と言いたい。愛が欲しい。あなたにも、わたしにも。


人類が試してきたあらゆる仕組みは「より良い生存」のためなんだとわたしは思うんですが、「誰の」生存なのか。「誰にとって」良いことなのか。「俺たちがより良く生き残るためにあいつらを犠牲にする」ということを、人類は繰り返してきました。姥捨山で。沖縄戦で。雨乞いの人《ひと》身御供《みごくう》で。組織のトカゲの尻尾切りで。

「みんなのために」

「我慢しなさい」

「みんなも我慢してるんだ」

数十軒〜百数十軒規模のムラで、顔が見える「みんな」と生活していた時代は終わりました。今や、「国民」「住民」「納税者」などなどとしてウン億ウン千万、とても全員ひとりひとりは顔認識しきれない「みんな」をわたしたちは生きています。**生存、ハイパー団体戦。**

そういう中で、「みんな」の中で、やっと出会えた「あなた」。顔を合わせて愛した「あなた」。そんな「あなた」すら、まるで「みんな」を代弁するみたいな顔で、「わたし」に何か言ってきたとしたら……。

怖い。

言えない。

でも、わかりあいたい。

今回ご紹介するのは、「お付き合いしている人と同棲を始めたいが、障害年金をもらっていることを言うのが怖い」とおっしゃる方からのご投稿です。「**みんな**」**の中の**「**あなた**」**に会って、**「**わたし**」**はどう生き、どう愛するか。**一緒に考えていきましょう。ご投稿を紹介します。

はじめまして。わたしは高校中退してからＡＤＨＤ、アスペルガー、高機能自閉症、そして二次障害としてうつや不安障害と診断され、酷い状態でしたがそこから闘病？　して今はなんとか昔よりは穏やかに生活できるようになった20代女性です。

わたしは何年か前から障害者年金を貰っています。バイトもしてますが勤務時間は多くありません。相談というのは、障害のことや障害者年金を貰っていることを人に言えないことです。障害のことはわたしの場合わかりやすいことでもないし過去に色々嫌な経験もあったので人にあまり知られないようにしてはいて、親密になった相手には考えて伝えるようにしてます。それでも元カレや過去の知り合いなどには偏見をぶつけられたり余計に苦しくなったりしました。今お付き合いしてる方にもしばらく前に障害があることなどは伝え、幸いなことに知識もないそうですが強い偏見があるわけでもなく、考え方が穏やかで有り難く思いました。

しかし、障害者年金を貰っていることを伝えるのがさらにめちゃくちゃ怖いのです。わたしは今お付き合いしてる方と同棲したいと考えています。向こうも同棲を前向きに考えていて、同棲するとなると絶対にお金のことは問題になると思うのです。わたしは自分にできるように精一杯努力してなんとか暮らしている結果、どうしても障害者年金をもらわないといけなかったと思っています。今後十分働けて収入が上がれば要らないですが、少なくともそうできるようになるまでは貰っていないと暮らしが破綻してしまうのです……今も正直暮らしは楽ではありません。

障害者年金のことは同棲するなら言わないと、と思ってはいます。しかし本当に言うのが怖いです。言えないなら同棲も、結婚もできないだろうと思うし、言えたとしてもだめになる可能性は高いと思っています。今お付き合いしてる方はそれを理由に別れるとは言わない気もしますが、言ったときの反応を見るのがすごく怖いです。そして何か彼が言った場合にどう返せばいいのかがぜんぜんわかりません。こういった事情のせいで人とある一定以上親密になるのを避けてもいます。事情を全て言わないまでも、隠さずに済めばいいのにとは思います。

**支離滅裂な文章でごめんなさい。まきむぅさんに何か意見を伺ってみたくて……読んでいただけたら嬉しいです。**

お話ありがとうございます。ご投稿の、特にここが好きです。

**「元カレや過去の知り合いなどには偏見をぶつけられ」**

これ、偏見をぶつけてきた人をさっぱり「元」とか「過去」にしたってことですよね。何があったのかはともあれ、きっぱり「元」とか「過去」と書いていらっしゃる。

**「酷い状態でしたがそこから闘病？　して今はなんとか昔よりは穏やかに生活できるようになった」**

この一文にも、あなたの歩んでこられた人生の物語がギュッと込められているようで、もう、本当に、尊敬します。よくぞここまで。よくぞ、ここまで。

ここがファミレスでわたしがパフェ食ってる時だったら、わたし、ただ励ましますよ。

「え～大丈夫だって！　好きになった人なんでしょ？　えってか写メ見して？　あっまた写メって言っちゃった（笑）写真写真！　え～優しそうじゃ～ん！　そんなこと言う人じゃないって～！　大丈夫大丈夫～！」

それで万一あかんかったときも「あかんかったか。パフェ食う？」ってパフェご馳走したい。

「パフェ」ってフランス語で「完璧」って意味ですけど、**人がパフェを求めるのは世界が完璧じゃないからだよね。**おれは何度、泣きながらパフェを食ったことか。世界はパフェじゃない。甘くない世界でパフェを食う。パフェだけでも、せめてパフェグラスの中だけでも、甘く完璧であって欲しい。うう。

「みんな」のようになれない「わたし」。

「みんな」とちがう特別な「あなた」。

「みんな」の中の「あなた」と「わたし」。

そんな「あなた」が、結局は「みんな」みたいな顔でものを言ってきたら……。

あかん。あかんかもしれん。怖い。怖いなあ。泣きながらパフェを食うしかない。自分だってあなたに、なんか「みんな」の代弁者みたいな顔でものを言っちゃってるんじゃないかと思って怖くてしょうがない。怖いなあ。人間関係って。怖いなあ。

**「こういった事情のせいで人とある一定以上親密になるのを避けてもいます」**

透明なパフェグラスで人と自分を隔てて生きてきたのに、

**「事情を全て言わないまでも、隠さずに済めばいいのにとは思います」**

こう思った。愛しちゃったんだな。わかり合いたいと思ったんだな。

**わかり合いたいね。**

わたし、あなたが、「同棲するなら普通お金のことは言わないといけないじゃないですか」っていう感じだったら「別に言わんでも良くないですか?」って答えてたと思う。「**みんなそうするから**」**っていうレベルの話だったら、それはあなた自身の望みじゃないから。**ただ、2014年に書いた『ふたりのお金の管理どうしてる?』【注13】って記事を貼って、別生計での同棲について詳しく話して、「スマホの中も財布の中もそれぞれのプライバシー!　って考え方もあるよ」って話して、それで終わりだと思う。

でも、あなたは、言いたいんですよね。「みんな」には隠してきたことを、その人には言いたいと思ったんですよね。愛じゃん。気づけてよかった。あなたが言いたいなら、言いましょう。無責任かも知んないけど、ごめん、やっぱわたし、言っちゃうわ。**人に言うと書いて「信じる」だから、わたし、信じたい。**信じるよ。大丈夫だと思う。大丈夫だよ。大丈夫。

でも、万が一、万が一あかんかったら。

人って本当に、自分があかん状態であればあるほど、思ってもいないようなあかんことを衝動的に言っちゃったりするから……「わたし」でいられず「みんな」に隠れ、「みんなの迷惑だ」とか言っちゃったりするから。

そうなっちゃったら、わたしはいつも、**「あなた」と「わたし」を「みんな」の中に置き直す作業をします。**二人の関係を、社会の横糸と歴史の縦糸で織られた布の上でとらえ直すんです。ちょうど、ある星座を星空の中でとらえるように。

例えば、「ＡＤＨＤ、アスペルガー、高機能自閉症、うつ、不安障害」。このへんの概念、近代までは存在しなかったものですよね。これを作った人たちにはどんな思いがあったのか。「障害年金」ももともと存在してないです。これを作った人たちにはどんな思いがあったのか。どんな未来を望んでいたのか。

わたし「障害年金　歴史」でググったんですけど、息が止まりそうだった。戦前は、「みんなに迷惑をかけないように家に閉じ込めて家族が責任持ってね」って考え方だったんですよ。取り締まり対象だったの、精神障害者は。1875年の法律名、すごいですよ。「路上の狂癲《きょうてん》人の取扱いに関する行政警察規則」【注14】。えっ、実話？　本当に？　ってなる。「家に閉じ込めろ、家から出たやつは取り締まれ！」って考え方だったのね。

それが戦後、「社会福祉ちゃんとして」ってGHQに言われた。で、生活保護法、児童福祉法、身体障害者福祉法の福祉三法が成立した。だけど日本にお金がなかった。で、「国にはできないので基本的に民間で頑張ってもらいましょう」「国は、ゆくゆく経済的に自立できそうな人を施設に入れて訓練しましょう」みたいな方向になった。

そうすると、どうなるか。「この子は大きくなっても自分で稼いで食べていけない」って、重度障害と生きる子の親が思っちゃうんですよ。ただでさえ国が貧しいのに、税金で生きるなんて……って。

70年代には、重度障害と生きる子を親が殺してしまう事件が多発しました。cakesでも、『「青い芝」の戦い』【注15】という連続対談第一回で、1970年横浜での事件に触れています。ある女性が、3人の子を育てていた。うち2人に障害があった。夫は単身赴任、週末だけ帰宅。施設は満員。たった一人での子育て。将来を悲観し、重度の脳性麻痺がある2歳の娘を、母親自ら、エプロンの紐で絞め殺した。という事件です【注16】。

「お母さんがかわいそうだから減刑して」と、地域社会は言いました。

「今までその親子を助けようともしなかったくせに、事件が起こってから何を言う。障害を持つ子なら殺されても仕方ないと言うのか」と、脳性マヒ者による障害者運動団体「青い芝の会」の人々は言い返しました。

障害者と健常者が同じ重さを持った同じ人間であると国に認めさせるために、社会制度を作るために、「青い芝の会」はじめ障害者運動の人々は諦めなかった。障害者運動の団体が来ても厚生省の入り口のシャッターを下ろすような国の対応に、人々は諦めなかった。対話を求め続けた。国と議論になったのは、「自立とは何か」ということだったそうです。国にとって自立とはお金の話。「生活保護で食べていけるだけのお金をあげればいいじゃないか」という考え方でした。しかし人々にとって、自立とは、お金じゃなかった。人間としての自立だったんです。「生まれた家で生まれた国から死なない程度のお金をもらって死なないでいる」状態を脱して、「生きたい」と。「生きたい」と言ったんです。

【注17】

（参考論文：髙阪悌雄「ある行政官僚の当事者運動への向き合い方」Core Ethics vol.11, 2015）

このような議論はじめ、たくさんの人の声があって、命があって、1985年、やっと障害基礎年金が成立してるんですよね。1987年、障害者雇用促進法。2004年、発達障害者支援法。最初は「お国のために戦争で怪我をして身体障害者になった人」しか守られなかった法律が、2004年にはここまで範囲を広げた。このことは、無数の人々の命が、声が成し遂げたことだと思いますよ。

こんな「みんな」の織りなす布に、あなたは、わたしは包まれている。

**縦の糸は歴史、横の糸は社会。**

織りなす布がいつかあなたの傷をかばって欲しいけど、布、めっちゃわれわれをしばりつけてくる包帯にもなりうるかもしれない。


「みんなの役に立たない人がみんなのお金で生きてるなんて」

っていう感じが、今日も誰かを追いやっていて。

「みんなのために自己退職してくれないか」

「みんなのために自粛してくれないか」

「みんなのために」

「みんなのために」

「みんなのために、自立してくれないか」


万が一、「みんな」の声が、愛する「あなた」を通して「わたし」に投げつけられたとしても。

わたしは、あきらめないで問い返したいと思っています。


「みんなはとにかく、あなたはどう思うの」

「あなたはなぜそう思うようになったの」

「あなたの過去に何があったの」

「わたしはね……」

「青い芝の会」の横田弘さんも、「一般的には〜」という言い方が嫌いで、「で、お前自身はどうおもうんだ？」と問い続ける人だったと言います【注18】。

伝わらなくても、傷つけられても、あきらめたくない。この人は「みんな」とは違う、特別なんだ、たとえ「みんな」の仮面をかぶってなんか言ってきたとしても、その仮面を脱いだ素肌をさわりたい。さわってほしい。わかり合いたい。**それが、愛ってやつだと思うの。**結果、わかり合えないことがいっぱいある、信じて裏切られることもいっぱいある、それでも、それでもわかり合いたい気持ち、そのあきらめられなさが、愛ってやつだと思うの。

信じる。愛する。怖くなる。それでも、それでも、それなのに。

続けたいと思う限り、続けましょう。万一疲れちゃっても、泣きながらパフェ食べればいいよ。パフェじゃなくてもいい。なんか、好きなもの。完璧じゃないこの世界で、それでもここだけは完璧だと思える、小さな、パフェグラスの中身くらいの透明に守られた小さなところを、自分のうちに、持っていてください。

（２０２０年４月掲載）

※本稿では「障害」と表記しています。これは、法令、及び投稿者の方の文章の表記にならったものです。また、「障害は個人の中にではなく、それを取り巻く社会の仕組みにこそある」という「社会モデル」の考え方に基づいています。「障害」という字で形容されたくない人のためには、他にも「障がい」「障碍」の表記があります。

# なんとかふつうのふりをして、きらきらきれいなふりをして

自分は誰とどうやって生きていこうかな。

自分はこうやって生きていきたいのにな。

ってなってる、あなたへ。今からちょっと、二つの例を、並べてお話しいたします。


昭和のエロ雑誌の話からいきます。

むかしむかし、あるところに、具体的に言えば日本というところに。『奇譚クラブ』という、とっても本気な、ほとんど文字の、脳に効くエロ雑誌がありました。有名どころだと『花と蛇』の団鬼六《だんおにろく》とか、『家畜人ヤプー』の沼正三《ぬましょうぞう》が書いています。

敗戦直後の1947年に創刊され、特集は「戦争と性欲」とか、そういう感じ。内容は、わたしなりに精一杯上品に表現すればこういうものです。

「戦後日本の傷口を、小指の先でそっとなぞってる」

もっと具体的にはっきり言ってしまえば、こういうものです。「白人女性の女王様に辱められて支配されたい」とか、「和服で切腹オナニーしてます」とか、「徴兵されて文字通りシゴかれて僕すっごい感じちゃった」とか。

　まあ、アルファベットで２０２１年ふうに言えばね、ＬＧＢＴとＢＤＳＭって感じですよ。しかしわたしはそうは言いたくないんだよな。いいですか。はっきり言って、白人コンプレックス、襦袢《じゅばん》、ふんどし、相撲、縛り、切腹、大日本帝国陸海軍、とか、そういう世界ですよ。なんだろうね。やっぱ、どう考えても「昭和のエロ雑誌」としか言えないんだよね。映画版『花と蛇』に出演した杉本彩さんの表現を借りれば、「畳の湿るようなエロス」というか。ＬＧＢＴっていうほどレインボーでもないし、ＢＤＳＭっていうほどブラックレザーでもない。海外の事例に学びつつも、それを、日本列島の文化と風土と社会事情に合わせて魔改造している感じがする。まさに『奇譚クラブ』としか言えない雑誌。それが、『奇譚クラブ』です。

　その中に、吾妻新《あづましん》という、サディスト大先生って感じだった寄稿者がいます。

　吾妻新、まず、名前の気合いがやばい。「吾妻」というのは「わたしの妻」という意味にも取れるし、「あづまの国」、つまり極東日本って意味にも取れます。それから「吾妻島」というのは、神奈川県に今もあって、戦前〜戦中までは日本軍が、戦後はアメリカ軍が軍用に使っている島です。あと、夏目漱石のお弟子さんで、東新という人がいるんですけど、語学に長けていた人なんですよね。吾妻新も語学を学び、海外のＳＭ小説を日本語に翻訳したり、海外のＳＭ事情を日本に紹介したりしていました。

「確かに日本は、小さい島国かもしれない。けれど、いつだって海の向こうに憧れて、いろんなことを取り入れながら、日本のやり方を打ち立ててきた。なんでもかんでも西洋式を押し付けられてなるものか。サディズムっていうのは、フランスのサド侯爵に由来する命名だ。けれども、サド侯爵みたいに、地位のある人間が売春婦をお金で従わせる、みたいなことをやるのは、はっきり言ってもう古い、と言いたい。この、東洋の日本から、新しいサディズムを打ち立ててやろうじゃないか。双方の合意に基づく、オリジナル愛情表現としての、対等なＳＭを打ち立てようじゃないか」。そうやってめっちゃ頑張って書いた人なんです。ほんと可愛い。いとおしい。

で、この吾妻新さん、吾妻新として書き続けるキャリアの最後のほうに『夜光島』という小説を発表しています。これはどういう内容かっていうと、だいたいこういう感じの空想なんですね。

「社会通念上普通のあり方、というものを強いられない。サディストとマゾヒストが双方合意の上で二人だけの関係性を築いていける。そんな秘密の島で暮らしてゆけたなら、二人は一体、どうなるだろうか？」

ちょっと空想してみてください。どうなると思いますか？

吾妻新が書いたのは……まあ、実際に読んでみて欲しいんですけど。きれいに言えば、こういう感じです。

「夜空に激しく打ちあがる、乱れ乱れた恋花火。そして、祭りの後の静けさと、その後に続く、おだやかな暮らし」

あ……　吾妻くん！！！！！！（※昭和の方角に向かって泣き叫んでいる）

吾妻くんの前作とあわせて読むとさらに沁みるんですよ。『感情教育』っていうんですけど。「一生独身でいようと思っていた。だけれども、そんな自分を愛してくれた女性がいた。だから結婚した。自分のやり方で愛してみたかった。でも傷つけたくなかった。それで、ちょっとだけいじめて、その後に〝ふつうに〟やさしく抱いてあげるということを繰り返した。……そんな、あるサディストの男の話を、小説として書いた作家の僕だ。けれど、彼のことをモデルにして書くなんて、僕はずるいよね。僕は僕のことを書かなければいけない。ああ、妻よ、我が子よ。土下座します。ごめんなさい。僕は、サディストです」っていう内容なの。

ちょっといま死にそう。切なさで。

彼は、『奇譚クラブ』寄稿文全体を通して、こう言っているように思えるんだよね。

「〝ふつう〟でなんかいられない自分だ。けれども、こんな自分が〝ふつう〟のふりをせずに向き合える、そういう人と生きてゆけたなら、ああ、自分とその人は、一体どんなにすごいことになっちゃうんだろう。それがあんまりすごくって、その人とずっと一緒にいたくて、自分とその人は、きっと……生きていくんだろうな。一日一日、生活していく、何気ない日々を重ねて。この世界は、寝室だけではできていない。そして人生は、夜だけではできていないんだ。〝ふつう〟でなんかいられない自分だ。ああ、でも……ごめんなさい。自分のまま生きていきたいんだ。誰も、殺さずに。自分をも、殺さずに」

ふつう、って聞いて、もう一つ、思い出すことがあるんですけどね。

『奥さまは愛国』っていう本があります。2014年に河出書房新社から出ている、北原みのりさんと朴順梨さんの共著です。これは、SNSに「普通の日本人です」ってことさら書いているような人たち、一人ひとりに実際に会いに行って書かれた本です。

この本の中でね。何度も何度も、それぞれの声で、それぞれの文脈で「普通」って言葉を繰り返す人たちが登場するんですよね。ちょっと、電子書籍版で読んでるので、ページ数を出せないんですが、しかし、全文検索をかけられるのが電子書籍の強み。ということで「普通」で全文検索をかけて引っかかったフレーズを引用すると、こういう感じです。


「日本人が普通に持っていた気持ち」

「みなさん、普通の頭、常識で考えてみてください」

「恥ずかしくて名乗りでない、それが普通の日本人女性の心ゆきだと私は思います」

「普通の頭で考えますと、わかっていただけると思うんです」

「日本のことは日本人が決めるべきだと、普通にシンプルな気持ちで感じています」

「自分の夫は『普通の人』がよくて。家ではデモとか政治の話をするのではなく、休日に遊びに行く場所や食べたいものについての話がしたい」

「ね、普通の学校でしょう？」

「普通の母親」

「国を愛するって、普通のことですよ！」


……。「普通」。


これ、もうさあ。「普通」って、ことさら言いたがるこの気持ちってさ。

「自分はこういうふうにしたいのに、それを誰にも認めてもらえていないと思うんです。おかしくないですか？　誰か自分に言ってください、こういうふうにしていていいって、当然だって！」を、二文字に濃縮したやつじゃん。

濃縮、じゃなくて。底に沈んだ、一番大事なそれだけすくい取ればいいと思うんですよね。

「自分はこういうふうにしたい」

冒頭の、吾妻新さんね。ここには具体的に書きませんけど、嫌がる相手に、ある、濃いものを、無理に飲ませようとするシーンとか小説に書いているんですよ。

それを、彼は、自分の手で、自分の小説に、書いたんだよね。

そういうドロドロの欲望を見つめて、ああ、こんな醜い汚い自分だって、人に忌み嫌われて人を傷つける異常な自分だって、そうやって自分で自分を呪いながらさ、それでも、自分で自分を、殺さないために。なんとか普通のフリをして、誰かの普通の恋人に、誰かの普通の家族になることで、自分の存在を認めてもらおうとするのを、やめるために。自分の存在意義を、生産性を、社会に評価してもらって、それでやっと生きる場所をもらおうとすることを、やめるために。

わたしはドロドロの欲望を無理やり人に押し付けないし、かといってそのドロドロをなかったことにしようとは思いません。


もうね、いろいろ言うじゃないですか。愛とか、恋とか、家族とか。家父長制とか、儒教とか。国の未来とか、支え合いとか。いろいろ言うけど、要するにさあ。

殺すなよ。

生きてんだよ。

って、話だと思うんですよね。自己に対しても、他者に対しても。

わたしも、ふつうになりたいと思っていました。でも、もっと悪い子でいかせてもらいます。
うっせーばーか。いい加減にしろ、社会。そしていい加減にしろ、自分を責める自分。何よりも
いい加減にしろ、このような自分を誰かに押し付けて認めてもらおうとする自分。誰かに無理に
でもドロドロを飲まそうとする自分。
殺すなよ。
殺させるなよ、生きてんだ。
以上だ。では、戻ります。生活に。

## 「国家がなぜ家族に干渉するのか 法案・政策の背後にあるもの」

本田由紀・伊藤公雄 編著
青弓社 2017年

国民生産・管理ユニットとして「家族」をとらえるような政策の実態を、具体的な政策・政党名を挙げながら一つ一つ見ていく本。「そうは言っても、家族じゃないか！」とか、「日本人ならわかるだろう！」みたいなあれでキラキラごまかされてしまわないための知識を身につけ、思考・行動するために。

## 「性と結婚の民族学」

和田正平 著
同朋舎 1988年

「LGBT！性は多様！」っていうアメリカ発祥の考え方よりもさらに多様な、アフリカ・アジアの各社会の性と結婚を記述した文化人類学の本。一妻多夫、亡霊婚、女子割礼、雨の女王と暮らす女たち、レズビアンという言葉では全く説明のつかない女性婚……。人類が生きる作戦としての性と結婚。

## 「愛すべき娘たち」

よしながふみ 著
白泉社 2003年

母、娘、教師、大人……自分自身の名前を包み隠す何かを背負って、背負いきれなくて、それでもそれぞれ生きていく、人間たちの物語。一話ごとに主人公が入れ替わり、最終話が全てを包み、そして読後に、もうひとつのタイトルの意味に気づく。一緒には暮らせなくなった人とも読みたいような名作です。

## 「ママの推しは教祖様 ～家族が新興宗教にハマってハチャメチャになったお話～」

しまだ 著
KADOKAWA 2018年

なぜ人は、恋人を、家族を、そして……信じていられる絶対的な何かを、求めるのか。互いが求める理想の形が違っていることに気づいた時、どうすればいいのか。新興宗教に救いを求めた母親を、その信者にさせられそうになった娘が、一緒には信じられなくても理解しようとした日々を、ライトに描く漫画。

### 本の調べ方

現代日本以外にも視野を広げるのが、楽になるポイント。文化人類学、家族社会学、戸籍や苗字や結婚制度などの家族関連政策について、様々な時代・土地のことを調べると面白いです。各地の図書館の郷土資料の、民話・婚姻習俗コーナーも熱い。

# 第4章

# 社会の求めるふつうって？

# 男です。男社会がしんどいです

すごいご投稿を頂いてしまいました。

「男です。男社会がしんどいです」というお話なのですが、誰のことも責めようとしない。男、のみならず、なんらかの仕組みの中でなんらかの役割を背負った経験を持つすべての人に、すんごい響く文章です。


牧村さん、こんにちは。匿名希望、30代半ばの男性です。

私が相談させていただきたいのは、仕事の接待の席での不快感をいかにしてやり過ごせば良いか、ということです。

私は現在、所属する会社で、とある部門のマネジャーをしています。仕事の性質上、私は社内におけるある種の決裁権を持っており、取引先から接待を受ける立場にあるのですが、この接待が、私にとって嫌で嫌で堪らないものなのです。

接待は大抵の場合、私の会社と取引先をあわせて4~5名程度で行われます。古い体質の業界ということ、私はマネジャーとしては年齢が比較的若いということもあって、ほとんどの場合、私以外は私より年長の男性です。そして、どの接待でも話題は判で押したように同じです。酒、女、ゴルフ、車、スポーツ、ギャンブル。必ずこのどれかの話題なんです。これが耐え難く苦痛です。

サラリーマンの接待なんだから、まあそんなものじゃない？　そういうのが好きじゃない人もいるだろうけど、仕事なんだし、そのくらいは仕方ないのでは？　というのが、一般的な意見かもしれません。私自身もそう思うのですが、私の個人的な事情が、ことを厄介にしているのです。

私は同性愛者です。たった1人の親友を除き、家族にも友人知人にも、もちろん職場にも、カミングアウトしていません。セクシャリティとパーソナリティは別のものなので、男性の同性愛者といっても、趣味嗜好や性格は千差万別だと思いますが、私は子供の頃から、一般的に男性が好むべきとされているものにことごとく興味がなく、一般的に女性の領域とされているものに惹かれていました。ジャンプよりなかよし、ドラゴンボールよりセーラームーン、体育より音楽と家庭科、そういう少年でした。それなりに生きづらさもコンプレックスもありましたが、そういう自分の価値観を、あまり否定せず、大切にしたいと思って暮らしてきました。

その一方で、私は臆病で空気を読みすぎるくらい読むタイプでもあり、長いものには巻かれろ、多数派の機嫌を損ねるな、というのが、私の処世術となってしまっています。気の合わない人とはあまり付き合わずにいられた学生時代はともかく、社会人となってからは、「あー、やっぱり世の中は想像以上に旧態依然とした男社会なんだ」と感じつつ、そのルールから大きく逸脱しないように、適当に嘘をつきながら、そつなく振舞ってきたつもりです。

意外に上手に振る舞える自分を、むしろ誇りに思ってさえいました。学生時代はうまく馴染めなかった男の子たちのコミュニティに、遅ればせながら参加を許されたような安堵感すらありました。

でも、ここに来て、男社会のルールを凝縮したような接待という試練を前に、「無理、無理、無理ー！」という気持ちが、自分の内側から溢《あふ》れ出しそうになっています。客観的には、私は接待を受けもてなされているのですが、主観としては、ひたすらハラスメントを耐え忍んでいる感じです。酒、女、ゴルフ、車、スポーツ、ギャンブル、かけらも興味ない話題の前で、自動微笑み相槌《あいづち》マシーンになっている自分。大して親しくもないおっさんから、なぜか武勇伝として披露される、パートナー以外との性体験や国内外の性風俗体験情報と、それに対して「さすがっすねー！　いやー、僕はまだまだ勉強不足で」とかコメントする自分。そんな自分を、子供の頃の自分が、ゴミを見るような目で見ている気がする。接待が終わると、駅まで全力疾走したり、帰りの電車の中で延々泣いてしまったり、若干奇行とも思える行動が制御できなくなることも時々あり、ちょっと自分自身に危うさを感じ始めています。

私は、決して取引先の方々を糾弾したいわけではないんです。相手だって仕事でやっているのだから、そんなに楽しいわけでもないだろうし、「接待とは、男同士の付き合いとは、こういうもの」という、世の中が長年かけて完成させたお作法をみんな踏襲しているだけで、誰にも悪意はないことはわかってます。自分だけが聖なる被害者で、周りは無神経な加害者だ、なんて、偏ったことを思いたくはないんです。いや、やはりこんな書き方をしてる時点で、一方的に自分を聖なる被害者ポジションに置いている気もしますが……私だって、何かの場面では多数派として無神経に少数派を傷つけていることは、絶対あるはずですし、気を許した間柄なら、ちょっとゲスな話題で盛り上がる楽しさも知っています。それに、さりげなく話題を違う方向に誘導できるような話術やコミュニケーション力が私に足りてないのかも、とも思います。

でも、しんどい、逃げたい、という気持ちが、無視できない大きさに育ってきています。どうすれば、この気持ちに折り合いをつけていけるでしょうか。これまでのところ、接待を終えたあとには、なるべくマッチョでホモソーシャルな価値観とは対極にあるような映画や音楽や小説や漫画などのコンテンツ（大島弓子さんの作品とか）を中和剤として摂取する、という対処法が、心をなだめるのに有効だったのですが、最近あまり効かなくなってきました。

長文乱文失礼しました。今後も牧村さんの連載を楽しみにしております。

えっと……

プロの方ですよね？（文章の）

「聖なる被害者ポジション」

「かけらも興味ない話題の前で、自動微笑み相槌マシーンになっている自分」

「世の中が長年かけて完成させたお作法をみんな踏襲しているだけで、誰にも悪意はない」

ものすごい文章力。この感じが言葉になっている、この文章を読むだけで、何かが静かに癒されていく人、きっといると思います。
しかも、「酒、女、ゴルフ、車、スポーツ、ギャンブル」みたいな接待のあとで摂取する中和剤が、大島弓子先生。あの、少女漫画界に決然と吹き抜けた一陣の春風、花の24年組・大島弓子先生の作品ですって……?
うーん
よい◎
つらいライフを生き抜くために、よいコンテンツを摂取する。その結果がこの文章力、この言語センスでしょうか。そんな方に読んでいただけていることを嬉しく思います。

さて、「男です。男社会がしんどいです」という今回のお話。拡大すると「人間です。人間社会がしんどいです」ってなもんで、なんでかっていうと〝当然そうだよね、で進む話〟に対して自動微笑み相槌マシーンになることで心が死ぬからですよね。
投稿者の方の場合、余計重いのが、きっと、「年上が年下を接待する」ってシチュエーションであることだと思うんですよね。たぶん、接待の場で「国内外の性風俗体験情報」をしゃべってるお取引先の人（年上）もけっこうつらいんだと思う。「仕事とはいえ年下のゴキゲン取りをなんでしないといけないんだ」みたいな葛藤が、ゲスな話題で盛り上げている感じを出しつつの「俺はやったったぞ」マウントにつながっているんだよね。で、「さすがっすねー」って言われるんでしょ。あはは。投稿者の方が帰りの電車で延々泣いていらっしゃる頃、相手の方もトイレで立ちションしながらふと我に返ってるんだと思う。「え、俺だけフルチンだったじゃん」って。「あんだけ俺がフルオープンかましたのに〝さすがっすね〟しか返ってきてないじゃん、あいつめっちゃ着衣じゃん。しかも俺よりいいスーツじゃん」とかってね。泣けちゃうね。でも泣かないんだろうね。泣くな男だろって言われて育ってたりとかしてさ。ブルブルっ。

お疲れ様です。人間社会。

死にかけた心を何かでうるおして生きていく、それも立派なサバイバルだと思います。が、それも効かなくなってきたと。じゃ、サバイバル方法拡張会議、しましょうか。わたしから提出する議案は３つです。

・聞く
・聴く
・訊く

一つずつ解説しますね。

## (1) 聞く

これはもう、投稿者の方がやっていらっしゃることですね。「聞く」。門に耳と書きます。門からぴょこっと耳だけ出して、大事なものは自分の門の中にしっかり守りながらも上手に聞き流していく。「さすがっすねー」。

## （2）聴く

門から出てきました。右下に「心」が丸出しです。今調べたんだけど、その上の「四」の部分は目のことなんだって。目と心が丸出しで耳を突き出している。これはまじで、聞き流さずに超めちゃくちゃ聴きいるってことですね、相手の話に。よく観察し、心で感じながら。「酒、女、ゴルフ、車、スポーツ、ギャンブル」、どんな話をしていても人間はその中に自分をにじませてしまうものです。

（この人のニヤニヤ、実は何も考えてないっぽかったけど車の話のときだけは本当に嬉しそうだな）

（あれ？　スポーツの話題に入ってからなんか、すごいまばたき増えたな）

謎解きみたいで楽しくなってくるし、結果的に相手を知れるので愛着が湧いてきたりしますよ。集中するぶん疲れるけどね。あと、「聴かれてるな」っていうのは相手も感じることなので、怖がられたりもするし。でも、「聞く」よりは寂しくなりにくい。心が出てるからね。

## （3）訊く

これがわたしは一番好き。インタビュアー気分で質問すること。特に、ようく聴いて得た情報をもとに、その人の子供時代へ話を持っていく感じで訊くのが好き。なぜならその人の子供時代というのは、まだその人がその役割を課せられる前の根っこがわかる話だから。

「いや、佐藤さん車の話する時めっちゃ目ぇ輝きますよね（笑）人生初めての車って覚えてます？　ぼくはねー、ミニ四駆ですね、しかもスピンコブラ！　あっ違う、5歳の時のチョロQだったかも（笑）」

男とか女とか、同性愛者とか異性愛者とか、社長とかヒラだとか、生きてるといろいろ背負う。その背中を、子供時代の自分に見せられるか？　振り返ることを恐れながら、ただみんなと並んで歩いていく。その群れの中で、何かを忘れそうになっていることに気づいてしまったら。

お疲れ様です。人間社会。

なんとかやっていきましょうね。たいへんだけどさ、人間だもん。本当は、みんな、ね。

（2020年1月掲載）

## ブスVS美人、って構図のテレビがしんどいです

思うんですけど、人類、ほんと、2チームに分かれるの大好きすぎません？
源氏vs平氏。
開国派vs攘夷派。
枢軸国vs連合国。
西vs東。
文系vs理系。
イヌ派vsネコ派‼

なんかもうこれは、DNAレベルで組み込まれてる何かなのではないか。人類どころかサルの歴史まで戻って考えるべきものではないか。と、『あなたはボノボ、それともチンパンジー？』っていう本とかをポチっている今日この頃です。
が、本を読み知を以って心の平和を保とうとしたところで、われわれ人類は本日も「お前はどっちだ！」「お前はこっちだ！」とチーム分けしあっておるわけです。その強制チーム分け法のひとつが。

ブスvs美人。
今回ご紹介するのは、「美人はちやほやされて金持ちと結婚し、そうでない女はブスブス言われる、的なテレビ番組しんどいね」というご投稿です。ね～。対話形式で行きます。

**こんにちは牧村さん！**

こんにちは、牧村さんよ♡

**あなたの聡明で優しい文章が大好きで、この連載も楽しみにしています。**

うっふん。ありがとうございます。
がんばろっと。もっと売れた～い。
どうすればもっと売れるかな～？
あ、わたしの悩みを相談する会じゃないんだった。えっと、お伺いします。どうなさったの。

**私の悩みは、芸能界全体が私の敵に見えてテレビ（とくにバラエティ番組）を見るのがしんどいということです。**

わかる。

いろんな人から似たようなこと聞くわ、「テレビ見てるとつらくなる」とか、シンプルに「つまらん」とか。すると、よく言われるのが「じゃあ消せば?」よね。

じゃあ消せばいいじゃないか、とお思いでしょうが、退職した父と二人暮らしなため、父の唯一の趣味を奪うのも勝手な話になってしまい、部屋を分けることでなんとかしています。

わお。平和的共存策。
でも「職場の休憩室で垂れ流されてる」とか、イヤな番組をどうしても消せない環境にいらっしゃる方もおられることと思います。また直接的に見てなくても、そういうイヤな番組を見てる視聴者がそのままイヤな価値観で絡んでくることは子供の頃からありますよね。日々お疲れ様です。じゃあもうちょっと、策を練っていきましょうか。どうして芸能界が苦手なの。

遅くなりましたが、なぜ芸能界が苦手なのかというと「美しいだけの女がそれだけで価値を持っていて私生活において様々な優待を受けて、稼ぐ力のある旦那と結婚する」「美しくない女はさげすまれてことあるごとにブスブス言われ、黙ったままにされる」「一部の男性お笑い芸人はとくにそういう発言が多い」からです。この構図が吐き気を催すほど嫌いなのです。

うん。全員呼び捨てレベルでお嫌いでいらっしゃるのね。

どうしてそう思うようになられたんでしょうね。

私は高校時代に、「イケてない人」とジャッジされた人間なので、卒業後死に物狂いで洋服とか髪とかメイクに気を使いましたが、それでも周りのイケてる子の目線が怖くなり田舎に逃げてきました。

しかし今日も医学部再受験するために行ったオープンキャンパスで、人目をひくほど綺麗な女子高生に遭遇してしまい、たじろいでしまいました。要は私はそういった人たちに「ブス」と言われて首を斬られるのが怖いんだと思います。

なるほど。ちょっとここまでの話をまとめてみていいですか？

・一部の男性お笑い芸人がやるブス呼ばわり……「嫌い」
・周りのイケてる子がやるかもしれないブス呼ばわり……「怖い」

と、いうことでしょうか？

うーん、だとしたらこのあたり、考えるヒントがありそうねえ。イヤなことを思い出させてしまうかもしれませんけれど、具体的に「ブス呼ばわりされた」という経験がおありなんでしょうか？

もともと私の顔立ちは「普通にブサイク」と性格の悪い人に言われます。

おお……。そんなこと言われて、あなたはどうなさったの。

醜形恐怖症になり美容整形外科にカウンセリングに行った際、私の顔のランクはどれぐらいかと聞いたら中の中の中くらいと言われました。まあ都会に出たら中の下くらいと自覚して行動してます。

ええっ！　あーら、ま。

ちょっと感想を言っていい？

「お金儲けのお上手なお医者さんだこと」！

醜形恐怖症、今は身体醜形障害（Body Dysmorphic Disorder, BDD）と言われていますけれども、それでいらした患者さんに「私の顔のランクはどれくらいですか」って訊かれて「中の中の中くらい」とか返す行為、ひぇ〜っ、わたしはカウンセリングとは呼ばないわあ。

アメリカ精神医学会の診断マニュアル最新版（DSM-V）によれば、身体醜形障害は強迫スペクトラム障害の一種とされています。「強迫スペクトラム障害」の「スペクトラム」っていうのは「虹のような連続体」って意味ですから、いろんな状態の人がいますが、中には例えば、「自分の手は汚い」と思い込んで手を洗い続けて皮膚が擦り切れてしまうみたいな状態も含まれています。

そういう状態で苦しんでる人に、「私の手は人より汚いと思うんです。ランクはどれくらいですか」って訊かれて、ねえ、「中の中の中ですね」だなんて言える？　なに普通に「ランクがある説」に乗っちゃってるわけ？　何様のつもりでジャッジする側に立ってるわけ？　それこそその人が苦しんでる根本じゃないの、ねえ。カウンセリングってのは、「なんでそういうふうに思うんだろう」ってとこを本人が考える手伝いであって、そのお医者さんがやったことは、わたしにはカウンセリングではなく「セールストーク」にしか思えない。

ねえ、そのお医者さんに訊かれなかったなら自力で語っていきましょう。なんでそんなふうに思うようになられたの？　何があったの？

思えばブサイクだからという理由で私がクラスの秘密基地の場所を唯一教えてもらえなかった小学校一年生の時から美醜の価値観に翻弄され続けてきた私は、ブサイクで頭も良くない（お勉強ができるだけでバイトとかしょっちゅう首になる）けど強く幸せに生きたいです。小さい頃から勉強は割と好きなので、医師という手に職持って自立しようと思ってます。

顔の美醜は問わず成功者の女性が美しかったり魅力的だったりする同性や男性に囲まれてチヤホヤされる潮流があってもいいと思いませんかね。

牧村さん、美人な貴女からだとあまり想像をできないようなブスの戯言《ざれごと》を聞いてくださりありがとうございました。

あ〜〜。

あのね。
わたしたちを美醜で分けて手ぇ叩いてるやつらを喜ばせてたまるか、って思った。
わたしたち……ここでいうわたしたちとは「わたしたち女」とか「あなたとわたし」とかではなく「人類」ですが、おっほん、わたしたち人類がチームで争う時、そこにはまず間違いなく「争いで得をするやつ」がいます。

・容姿にはランクがある説の渦中に人間を叩き落として争わせることで金を儲けるやつ。
（例：そのお医者さん）
・「あいつ（ら）」を排除することで「自分ら」の連帯や優位性を確認するやつ。
（例：その、秘密基地を教えてくれなかったクラスメイト）

ね、だからわたし、苦しい時は考えるのよ。「この苦しみで誰が得をしているんだ」って。で、それらしき人たちを見つけても敵チーム認定はしない。常に個人単位にばらして、「わたしを苦しめるこの人は何に苦しんでいるんだ」って問うの。争いをけしかけられても素直には従わないの。

しかしこの、チームで争うようにけしかけられると従っちゃう現象、なんかこれ心理学用語がついてるんじゃないかな？　２０１７年には日本マクドナルドが「マックかマクドか東西対決」ってやってたし、１９９６年には「赤を買うか、緑を買うか、ちょっと違うよ！」ってポケモン売ってたし、2003年にはあややが「セクシーなのキュートなのどっちが好きなの？」って歌いながらシャンプー宣伝してたでしょ。こうやってマーケティングに活用されてるってことは、なんか心理学とか行動科学とかそういうのなんだと思う。交渉術では「二者択一話法」っていうみたい。広告業界人が「どっち？　訴求」って呼んでるのも見た。

得してるのは誰か。企業よね。わたしもポケモン買ったしあややのシャンプー買ったしマクドナルドのハンバーガー買ったもん。

じゃあ、「ブスvs美人構図」とか「容姿ランク説」とかで得をしてるのは誰か……って話よ。おっしゃる通り、わたしは美人です。男性教師には「美人だな。もう少し年が上なら結婚してやったのに」と謎の上から目線で言われたし、学校で歯を磨いていただけで「ウケるんですけど。彼氏とキスでもすんの？」って知らない女子生徒に言われたし、知らん人に通りすがりに「ブス」って言われたし、「美人にはわたしの気持ちがわからないでしょ」とも言われます。でもそういういろんな経験をするのは、わたしが美人だから、ではありません。「美人もつらいよ」みたいな話ではありません。かといってわたしが実はブスだからとかでもありません。

**この世にルッキズム（容姿の美醜は人間の優劣だと思ってるやつらの主義）があるからです。**

投稿者の方はルッキズムにさらされながらもよく生き抜いていらしたと思う。醜形恐怖に飲みこまれることもなく向き合う道を模索し、死に物狂いで洋服や髪やメイクに気を使い、よりよい生き場所を探して引っ越し、人にブスって言ったタレントをはっきり嫌いだと表明し、医師を目指して学び、自立の道へ歩んでいらっしゃる。それでこそだと思います。

自立とは、自力で自己肯定できること。ブスを蔑《さげす》む美人も、美人を憎むブスも、そういうブスvs美人の試合で審査員席および観客席にふんぞりかえることで優位に立とうとする人も、みんなまだ自立できていないのです。

そういう観点においては、一部テレビバラエティ的に言う美人もブスもそれを見てなんか言ってる司会者も同じだと思うの。自力で自己肯定できないから他者を否定しているんだし、自力で自己肯定できない人が他者を否定することでなんとか自己肯定しようとする試みを手伝って商売しているんだと思う。


だから言います。わたしは美人です。

誰にブスと言われても美人と言われても関係なく言います。わたしは美人です。

自己肯定のために他者を否定する人も、それはそれで、その人のための戦いを生きてるんだと思います。でも、こっちが戦場に引きずり込まれる義理はないわけよね。

今日も誰かが誰かにブスって言ったんじゃない？　また誰かが誰かに美人って言ったんだと思う。やっとるやっとる〜、って感じ。そういう声を背中に聞いて、自分の道を行きましょう。自分の、幸せに向けて。


（２０１８年８月掲載）

# ＨＳＰです。無神経な母親のせいでつまらない人間に育ちました

「自分は心が繊細すぎて傷つきやすい」と思っている人が、その特性を「これは自分だけじゃないんだ、これは自分の良さでもあるんだ」って思い直すために使える「ＨＳＰ」（ハイリー・センシティブ・パーソン）という言葉があります。この言葉が決して医学概念ではなく、アメリカのある学者さんが考案してビジネス展開しているものであり、ＨＳＰという言葉に囚われて「ＨＳＰだから一生生きづらいんだ」と落ち込んでしまう必要は全くありません。

言葉は、村です。さまよって、さまよって、やっと自分に似た人間がいる村にたどり着けたときは、やっと、生きていける気になれますよね。「ＨＳＰ」とか「ＬＧＢＴ」とか。でも、知らず知らずのうちに、村の外を恐れ、村の外を呪い、村に深く根づきながらも「自分はここで一生を終えるしかないのだ」と悲しく空を見上げる、そんな状態に陥っていることがあります。

そこから自由になるにはどうすればいいのか。今回のご投稿をもとに、一緒に考えていきましょう。

こんにちは。自分は何故こんなにも生きづらいのだろう？　と思いあれこれ調べていたらＨＳＰという言葉に行き着き、牧村さんのブログに辿り着きました。関連する書籍、ホー

ムページを調べた結果、多分自分は典型的なHSPなんだろうな……と気づき少しだけ安堵した反面、自分のこの気質は間違いなく後天的なものであり、とても悲しくもあり悔しくもあり、でもどうしようもなくてとても辛いです。

自分の場合ですと、母親と幼少の頃から大変折り合いが悪く、あまりにも無神経かつ幼少の頃の私のプライドをズタズタにする言動、行動、態度によって最終的にいつも人の顔色ばかり窺う、つまらない人間になりました。

たしかにHSPだからこその感じとれるものはあります。でもそのメリットを容易に覆すほど、私は社会生活の中で息苦しく、いつも溺れそうです。娘も一人いますが、なんとか娘には自分と同じようになって欲しくないと褒めよう、褒めよう、関わろうとするのですが、何分自分が母親とろくに遊んだこともなく、褒められたことも少なく、いつも怒られていた記憶しかないので娘との関わり方すら分からなくなり、たまらなく辛く、一人になりたい……と思うことが非常に多いです。

何故こんなに、もう三十路《みそじ》近い良い大人が、他の人から見たら些事《さじ》に過ぎないことでずっと苦しまないといけないのでしょうか？　私はどうしたら少しでも肩の力を抜いて生きられるのでしょうか？　何もわからないです。変な話ですが、何か良い方法があれば教えて欲しいです。よろしくお願いします。

「最終的に（中略）つまらない人間になりました」とおっしゃいますが……

終わらせないでいきましょう。終わらせなければ、終わらないから。

あなたのつらさの原因として、あなたは、「母親」と「ＨＳＰ」をお挙げになりました。どうして自分がつらいのか、本やネットで積極的に調べて考えたあなたの姿勢は、あなたが**実際ぜんぜん「最終的に（中略）つまらない人間に」なってなんかいない証拠**だと思います。よくやりましたね。全然、最終ステージじゃないから。年齢全く関係なくね、人間、自分で自分を「こういう人間だ」と思い込むか、成長と変化を信じて行動するかの違いよ。

終わらせなければ、終わらないのよ。

あなたはそこで終わりたいんじゃなく、きっと、そこで休みたいんだと思う。

最初に話した、言葉の村ですよね。歩いて歩いて歩いてあなたは、「母親がキレてばかりいた村」と「ＨＳＰ村」を発見した。その地帯からお外を見れば、あらゆるつらさに説明がつけられるでしょ。「あ、母親に怒られてばかりいた私は今も怯えているからつらいんだな」「ＨＳＰだから敏感すぎちゃってつらいんだな」って言える。

それであなたは、ご投稿文の言葉をお借りすれば「少しだけ安堵した」のでしょう。休めたんですよね。よかった。でもね、村の中に閉じこもってると見えなくなっていくものもあるんですよ。例えば、わたしの文章にたどり着いてくださったのは嬉しいことだけど、わたし、「**典型的なＨＳＰはこういうもんですよ」みたいなこと、いっこも書いてない**もん。ってかそもそもcakes連載のタイトル、「ハッピーエンドに殺されない」だもん。「こういうものだ」という声に人生を終わらされたくない、物語の続きを自分の手で書いていこう、って話だもん。

終わらせなければ、終わってない。

だからあなたは自分で歩いて、村にたどり着いた。でも、そこで少し休んだ後は、そこで一生過ごさなきゃいけないのかって、終わった気持ちになっちゃってるんですよね。出られますよ、そこ。出たいと思うならね。

一人の時間を大切にしていい。社会生活の中で息苦しい思いをしたなら一人の時間で休むことも必要だし、溺れているうちに少しずつうまく泳げるようになってる自分を見つけられる。娘さんを一生懸命褒めようとすることも、わたし、やめていいと思いますよ。それ、わたしから見ると正直、「褒めよう」じゃなくて「自分みたいになってしまわないように導こう」に見えるの。もしくは、「自分が自分の母親みたいにになりたくないからこうしよう」に見えるの。

わたしだったら、娘さんに何か良い影響を及ぼす自分でいよう！　って方向で頑張るよりは、娘さん自身に興味関心を向けることから始めるかな。あーこの子こんなことしてるな、なんでこんなことしたんだろ、そっかこういうふうに考えたのか、あっこれこないだよりも上手くできるようになってるな。そういうのを見つけて、自分が本当にいいと思ったときに、初めて褒める。

自分が娘さんに対して怒ることについても怖がらなくてよくて、ただ、必ず理由を伝える。娘さんにも理由を訊く。「こないだ注意したことをまたやったからわたしは怒ってるんだよ。なんでまたやったの？」みたいな。そういうふうにすると思います。ま、そういうわたしのやり方はよく「理屈っぽい」って言われるんですけどね。すまんね。わたしも成長中だから。

嬉しい話があってね。今、ベッドの上でこれを書いてるんですよ。昨日まで知らんかった人の家のベッドの上で。ってのも別にセクシーな話ではなく、とある老夫婦のお家なんですけど。

このところ、わたしはニュージーランドのとある農場にファームステイ中で、今日もそこにいる予定だったんですよね、本来。でも農場主がちょっとアレな感じで、「使えないやつだな」って言ってきたり、君がトラックの荷台に上るのを手伝ってあげますよふうの空気でケツを触ってきたりする感じだったの。我慢してました。わたしが農場仕事に慣れてないのは事実だし、トラックの荷台に上る時も実際もたもたしてたから、本当に（ケツではあるけど）押し上げてくれたのかもしれないし。

でもやっぱストレスは溜まるので、農場主に「なんか態度悪いけど疲れてる？　大丈夫？　話聞くよ?」って言ったの。で、現地の友達にも「じじいケツ触ってきたんだけどｗ」って連絡したの。そしたら、**「すぐ逃げろ」**と。

「ケツ触られた、とか笑い話にしなくてもわたしはきちんと聞く。話してくれてありがとう。それは犯罪だし、あなたにはその場を去る権利があるし、なんの義理もない。あなたの居場所の近くに友人がいるから連絡して迎えを出すよ。何分で支度できる?」って言うのよ。

もう、人生初の、リアル「40秒で支度しな！」よね。

食べかけのチョコ、干してたパンツ、全てをスーツケースに詰め込んで、置き手紙して出てきたの。農場の外、農場主から見えないところに車が待っててくれてて。運転してきたグランマ（おばあさん）に「ジャンプ！　ジャンプイン！」って言われてね。車に飛び乗り、英語で言うとジャンプインして脱出しました。で、グランマがこんな話をしてくれたの。

「とどまらなくてもいいんだよ。わたしはね、早くに母を亡くして、何度も離婚再婚を繰り返す父親のもと、何人もの意地悪な継母たちに〝早く死ね〟って態度で育てられたんだ。全員、わたしを邪魔者扱い。だから結婚なんて気持ち悪い、一生してやるものか、とっとと自立して家を出るんだって、若い頃からがむしゃらに働いた。気づけば世界を股にかける女社長、いわゆる適齢期の2倍の年齢。このまま旅するシングルライフを爆進かな……って思ったときに、出会ったのさ。運命の人に。結婚したよ。20日間でね。ずっと一緒さ。20年間ね。

そのときわたしがもし、『離婚再婚を繰り返してばかりの父親と意地悪な継母に育てられた自分が結婚でなんか幸せになれるわけがないんだ！』って思い込んでいたらどうだったと思う？確かに、そういう家に生まれたことは事実だ。でも、そこを自分の足で出たんじゃないか。父親に、継母たちに、**自分の一生を支配されてなるものか！**

とどまらなくていいんだ。そこに囚われなくていいんだ。そこを出て行っていいんだよ。人生、この年齢になっても新しいことばかり。今朝目覚めたとき、わたしはね、家にジャパニーズのレディをお迎えするだなんて想像もしてなかったさ。トゥモロー・ネヴァー・ノウズ、明日のことなど誰が知る」

全然、終わってないのです。全然、決まってないのです。まだまだ、続きがあるのです。
あなたが、終わらせなければ。あなたが、決めてしまわなければ。
これからあなたに、素敵な「ジャンプイン！」が起こりますように。そのときにあなたが、とびたい方へとべますように。

（2020年2月掲載）

# 人生が怖い。就活も留学もうまくいってない

「こんな私を認めてください」

ってなることは、自分という存在を他者に明け渡すに等しいことだと思うんですよね。そいつらに認められなくたって、存在してんじゃん、もう。って、思うんです。

今回いただいているおたよりは、「人生が怖い。HSPとか、○○障害とか、自分の苦しみを説明してくれる言葉を探してしまう」というものです。

そういう言葉って、こう使っていきたいなって、わたしは思ってるんですよね。

×「こんな自分を誰かに認めてもらうため」
○「自分が自分とよりよく付き合うため」

こんな自分を認めて！　って姿勢だと、なんていうのかな、「自分がここにこうしていてもいいという感じ」の決定権が他者に渡っちゃうでしょ。そんな根本的なこと、他者に渡せないですよ。

それにその姿勢だと、自分を生きづらくしている社会構造に対しても従順になってしまう。

「なぜつらいのか」って考えたときに、「自分が〇〇だからだ。ああ、みんなと違う〇〇の自分はつらい、苦しい、生きづらい、みんな〇〇を認めて」ってなっちゃうでしょ。そうじゃなくて、「つらいのは世の中がこういう仕組みだからだ。これをこう改善していけるのではないか」って発想でいきたいんです。一生「かわいそうな〇〇」をやらされたまま、大きな仕組みにまんまと巻き込まれて生きるの、わたしは嫌なので。そんなに従順でいさせられてたまるかよ、って、思うので。

取り戻していきます。自分の人生の物語を書くペン、自分の手に。それでは、今回のおたよりです。

こんにちは。まきむぅさんの文章を読むのが好きです。

今大学4年生で都内の大学に通っているものです。しかし、昨年就職活動に行き詰まりを感じ韓国に留学を決意し今留学中です。

幸いにもこのような決断をしても両親は許可を出してくれて行動に移せたこと本当に感謝しています。

しかし留学先では思ったように友達ができなかったり、語学が上達しなかったり、一体何をしたかったのか、結局なにも私は変わらなかったのではないかと自問自答を続けて布団の上から動けなくなってしまいました。結局私は何もできないのだと。留学に来て、語学も身につかなかったら私はダメ人間になってしまうと思ってしまいます。

それで自己分析をしてみました。

私は、自分の足で稼いで自立するという不安が今強いのだと思います。就活も平行して続けないといと思うけれど、それに関する情報が出てくれば出てくるほど怖くなってしまって、ネットを見ることができず自分を弱者にする情報ばかり探してしまいます。

人生相談を見るのも好きです。自分のような欠陥人間でも褒めてもらえるような気がして、大丈夫だよと言ってもらえるような気がして、私はずっとやらない理由を探しているような気がします。でも結局は何かでお金を稼いで生きていかなければいけない。

結局自分は自分の人生を生きるのが怖いのかもしれません。そして人生相談上であなたの人生はダメだと言われる人間になるのが怖いのだと思います。

結局あなた自身が悪いですよと言われるのが怖くて、自分の人生を生きるのが怖いです。弱者の仮面をずっと探してきました。発達障害、ＨＳＰ、強迫障害、双極性障害、、等々。けれど、このような言葉が私を慰めてくれるのは一時的です。人生相談もしかり。

自分の人生を生きる恐怖にどのように立ち向かえばいいですか。

もう、立ち向かってると思いますよ。その恐怖こそ、立ち向かってる証だと思います。

わたしも立ち向かってます。ずっと怖いです。牧村朝子として仕事をして11年目になりますが、いまだに「今後食っていけなくなるのでは」という恐怖で布団にくるまってめそめそと2〜3時間泣くことがあります。特に2020年4月頃は怖かった、コロナでの仕事キャンセルとかが相次いだので。ちょっとここからは、不幸自慢じゃないですけど、「立ち向かっとる証としてずっと怖い」って話を何行か具体的に書きますね。

２０１７年3月も怖かったですね、事務所から独立したてだったんですよ。あと２０１２年６月も怖かったです、渡仏に伴いレギュラー番組降板、ほぼ月収ゼロになったので。あとは２００９年ごろもマジで布団から動けなくなってましたね、今回おたよりくださった方みたいに。バイト先が倒産して、国保払えなくて、メンタルクリニックに「保険証ない方は受診できません」って言われちゃって。そういう場合は役所に事情を話せば短期証ってのを出してもらえるって、最近ラジオトークリスナーさんに教えてもらって知ったんですけど。

それに「就活」とかいうやつも個人的にはヤバみしか感じなかったので、一切やりませんでした。入りたかった会社にまずバイトで入って頑張ってたら「正直、高卒が正社員になった前例はないんだよね」って言われたり、大学覗いたら覗いたでいわゆる学閥ってやつがわたしの感性では気持ち悪いとしか思えないベットリ感だったりして、「は？　むり」って思ってしまって。そこで考えたんですよね。「就活」じゃなくて、もっと根本的に、「この世にどういう価値を生み、それをどうやって金に換えるか」を考えようって。

そんな感じで、まあ、「怖い」を「何が怖いのか」って具体化して個別化して対応していけば、なんとかやっていけなくもないんだなって最近わかってきたとこです。そういう積み重ねの先に、結果として、生きております。怖くはあるけど、生きてます。

朝起きると、いつも窓を開けます。そうすると小鳥が「ビイ‼」みたいな警戒音を出しながら飛び去っていきます。生きることは、怖い。人間だけじゃないんですね。この恐怖は、生きていたさの証なんだと思います。

怖いと思い始めたのは、あなたが巣の中で親鳥に餌を運んできてもらう生活からの試験飛行を始めたから。飛び立つのは、確かに怖い。けれどわたしには、飛び立つこと自体よりずっと怖いことがあります。それは、自分自身の「怖い」という感情に閉じ込められてどこにも行けないことです。

だからわたし、人生相談で、慰めや励ましを書こうとは全く思わないんですよ。今回おたよりくださった方は、人生相談を見るのが好きな理由として、こうおっしゃいました。「自分のような欠陥人間でも褒めてもらえるような気がして」。わたし、それ、やりません。それは読者の自主性を奪い、ひな鳥扱いして、その場所に閉じ込めるような行いだと思うから。（あとなんか、欠陥人間という言葉がわたしにはわからない。誰基準？　逆に、完璧人間ってどんな人なん？）

慰め、励まし、許し。そういうのをご親切に運んで差し上げる親鳥ヅラの人生相談のほうが人気出るのかなって思うこともありますよ、「あなたはそのままでいいのですよ」「きっと大丈夫」みたいな。いるもんね、「自分の欲望を解放しましょう」とか言いながらウン十万円のグッズ売ったりするスピリチュアルカウンセラーみたいな人とか。めっちゃ儲かっとんなーと思って見てますよ。それはそれでそこの人たちのご勝手ですけど、わたし、絶っっっ対やらないので。人をひな鳥扱いしないので。ただ、隣に座って、飛び立つ先の空を見たい。

「わたしから見ると、こんな風が吹いてる。だからわたしたちはこんなふうに流されているんだと思う。だけどどんな風が吹いても、わたしは羽ばたくことをやめたくないんだよね。風を読む。行きたい方角を決める。行きたいところがわからなくっても、とりあえず、〝ここではないどこか〟でも。さあ、どっちに飛んでいく？」

ってことで、飛び立つ先の空を見てます。あなたは、いろんな言葉を「弱者の仮面」として使おうとしたとおっしゃった。「発達障害、ＨＳＰ、強迫障害、双極性障害」……。そうした概念が自分を説明してくれるかどうかじゃなくて、どういうふうに生まれてきたものなのかを、わたしは知ろうとします。それらを決して、「他者に許してもらうためのもの」として使いたくないから。他者に許されることを待ちたくないから。そんな、存在を許す許さないとかいう大切なことを、他者に明け渡したくないから。「自分自身がそういう自分とうまく向き合い、その道の専門家のサポートを受けたり関連書を読んだりしながら、よりうまく生きていくためのもの」として言葉を使っていきたいから（ＨＳＰだけは医療概念ではないので、医療現場での治療や診断の対象にならないということは留意しておりますが）。

それから、語学のこと。それこそ、より遠いところに飛んでいく力になる、語学のこと。「上達しないから自分が嫌だ」じゃなくて、「自分が嫌だからこそ勉強して上達する」んだとわたしは思っています。勉強というのは、前向きな自己破壊です。知らなかった単語を初めて発音するごとに、この世になかった外国語作文を自力で一行書いてみるごとに、自分は、前の自分ではなくなるんです。わたしは今日もオンラインで中国語レッスンを受けました。もう二年目ですけど、いまだに先生に「？？？」って顔をされます、発音が悪すぎて。「ホァ？」とか言われます。そこで「通じない……」って凹む気持ちもありますけど、むしろ「できてない発音が洗い出されてよかったな」って考え直して、次までに練習します。毎週毎週、その繰り返しです。毎週毎週

「通じない……」があるからこそ、できないところが洗い出されていってます。ちなみに、母語である日本語もいまだに勉強中です。

ってわけで、「飛ぶのが怖い」とおっしゃる方に、「もう飛んでますやん？」と申し上げたお話でした。

ただ、一つ気になっていることがあります。「布団の上から動けない状態」。これが比喩でないならば、わたしが経験したうつ状態にすごくよく似ていて心配なので、できれば医療機関受診を、難しければ「日の光をできるだけ浴びる」とか「適度な運動をしてみる」とかのうつ対策をやってみるといいと思います。自分がうつ状態であることを「情けない、認めたくない」とか思う人っていますけど、わたしはうつ状態の人を情けないとか思わないので、自分自身含め。むしろ、自分がうつ状態に入ってきてる時のサインを知っておくのはサバイバル手段としてめちゃくちゃ有用だと思ってます。初期の段階で対応が取れたほうが回復早いでしょ。

しかしね、マジでこの世、われら鳥さんを鳥籠に閉じ込めて管理したがるよなって思うんですよ。就活だの語学の資格試験だの、別ベクトルでいけば「自分がよりよく生きるためではなくてなんか誰かに認めてもらうために〝発達障害〟診断を欲しがる感じ」だの、「ここで認めてもらえなかったら自分には価値がないのでは？」って思わせてくるこの世の仕組みがある。企業に雇われることとか、なんかの資格を取ることとか、精神科で見てもらって自分の特性を知ることとかって、そのおかげで得られる安全とか取れる対応策もあるので、全然、悪いことじゃないとは思うんです。けど、「鳥籠に入れてもらえてない自分はダメな鳥なんだ」みたいに思わされちゃうんだったら、完全に本末転倒ですよね。「は？　入ってなくても、居ますけど？」って話で。

忘れないでいてください。空って、本当に広いんですよ。だからこそ未知すぎて、迷ってしまいそうで、不安になることもある。けれども、怖いのは、すでに飛んでいる証なんです。ギュッとつむった目を、片目ずつでもいい、うっすら開けてみたら見えてくるものがあります。本当に「お金を稼がないと生きていけない」のか？　本当に「欠陥人間」なのか、自分にそう思わせているのはいったいなんなのか？

動かないまま「世界はこういうものだ」「自分はこういうものだ」って決めてしまうより、わたしは、飛び回りたい。わたしを動かすのは、怒りだと思います。わたしの価値を、一個の人間の価値を、値踏みされてたまるか、って。そして……前にも触れましたが、語学を勉強しているおかげで知った大好きな話があります。「怒り」って、中国語でこういうんですよ。「生氣」……生きるエネルギー、って。


（2021年1月掲載）

## 可愛いし偏差値も高いのに、毎日劣等感に襲われています

「お前は賢い子だ」

褒めておいて、

「他のバカな子とは大違いだな」

誰かと比べる。

「あなたは本当に可愛い子」

褒めておいて、

「可愛く産んでもらって感謝しなきゃね」

親のおかげということにする。


どんなに頑張っても他と比べられる。どんなに頑張っても親のおかげということにされる。どんなに頑張っても自分自身の頑張りを認めてもらえない。そんな子供時代を過ごすと、大人になっても、「褒めてもらいたい」と苦しみ続ける場合があります。

決別しましょう。今日ご紹介するのは、「常に褒められていないと不安」とおっしゃる方からのご投稿です。対話形式でお送りします。

牧村さんこんばんは。まきむぅさんの好きな所を語り出すとキリがないので相談だけします。

あら、こんにちは！　ありがとうございます。うふふ。語り出してくださってもよかったのに。とにかくお伺いしましょう、どうなさったの？

私はずっと自分の求める周囲からの評価と、実際に耳に届く評価の差に不満を抱えていました。幼少期から今まで「私は可愛くてお利口だからもっと褒められていいはず」「こんなに可愛くて良い子なのにどうしてあなたは私に惚れないの？」等と思って過ごしてきました。

まあ、漫画のお嬢様キャラみたい！
そんなあなたはどんな方でいらっしゃるの？

先生にも知り合いにも友達にも容姿・性格・能力を褒められてきたし、男性にも女性にも普通にモテるし、第一志望ではなかったけど偏差値の高い大学で良い成績を取っています。

わあお。

でも、常に「可愛い」と言われていないと「もしかして私ブスなの？」と不安で人目に付かぬように隠れたくなるし、男友達に彼女が出来たら「才色兼備な私よりあの子を選ぶの？」と腹が立つし、挙げたらキリがないくらい毎日劣等感に襲われます。また、失敗に慣れていないので小さなミスでも自分を許すことができません。

それは、おつらいでしょう。そういう時、ご自分とどう向き合っていらっしゃるの？

これらが私の稚拙さ故の感情だと頭では理解しているので普段は我慢しますが、少しずつ磨り減った自尊心が些細なことでマイナスに振り切れて生きているのをやめようかと思うほどしんどくなってしまいます。この捻じ曲がったぐらぐらの自己肯定感や私の望む評価が得られない不満との折り合いのつけ方、このしんどさから少しでも解放される方法について考えをお聞かせいただけたら嬉しいです。

んー……。推測ですけれど、もしかして……本当に褒めて欲しかった誰かに、まだちゃんと褒めてもらったことがないと心の奥底で感じていらっしゃるのでは？　って、わたし、思いました。

ちょっとご投稿文をもう一度拝読しましょうか。

「先生にも知り合いにも友達にも容姿・性格・能力を褒められてきたし」

余計なことを申し上げるようですけれど、ご家族から褒められた、とは書かれていませんね。

**「私は可愛くてお利口」**

**「こんなに可愛くて良い子」**

**「常に「可愛い」と言われていないと」**

**「才色兼備な私よりあの子を選ぶの？」**

容姿について何度も言及していらっしゃいます。

**「偏差値の高い大学」**

**「毎日劣等感に襲われます」**

絶対評価ではなく、誰かと比べる相対評価でご自分を評価する表現も目立ちます。

ということで……もしかすると投稿者の方は、冒頭で申し上げたような、「褒めると見せかけて奪う」行為を誰かに繰り返しやられてきたのではないか。もっと具体的に言うと、「あなたが他の子と違って可愛いのは親のおかげ」みたいな褒め言葉に見せかけた暴言を浴びてきたのではないか、と、わたしは想像します。

「あなたは可愛い子」

ただこれだけでいいはずなのに、

「他の子たちとは違う」

「お母さんが美人だもんね」

「可愛く生まれた子はずるい」

「美男美女の血を受け継いで生まれたことに感謝しなさい」

こういう余計なのをくっつけられて、**あなたが可愛いということをあなた本人の手柄として認**

**めてもらえていなかったのではありませんか？**

もしそうなら、自分のお手柄、自分で認めましょ。全ての美人は後天性です。生まれつきの美人なんかいません。そして全ての美人はオリジナルです。美は孤高であり、「あの子と比べて可愛い」とか「ブス」とかそんな俗なものとは切り離された次元に見出されるものです。

もちろん、たまたま本人の生まれた地域と時代に美人として扱われやすい特徴を持って生まれる人はいますよ。色が白いとか、鼻が高いとか、そういうのね。だけれどもどういう特徴を持って生まれようが、美しく生きるというのはその人自身の選択です。たとえ恵まれた体格で生まれようが、功夫《クンフー》（修行）しないとカンフーマスターにはなれないでしょ。ジャッキーチェンもブルースリーも赤ちゃんの時からムキムキバキバキだったわけじゃないでしょ。それと一緒です。アチョ〜。

「美人はずるい」だの「親に感謝しろ」だの人は言います。が、肌や髪や歯や爪を手入れして姿勢を正し教養を身につけ衛生を保ち体を鍛え食生活を整えセンスを磨いて深呼吸して微笑みをたたえて生きるのは美人本人です。いいですか、美人、本人です。他の誰でもありません。ましてや人を美人とかブスとかジャッジしてくるやつらでもありません。

わたしは美人ですが、たとえ誰にも褒められなかろうが、美しく生きるために自分がなす一つ一つのことを自分自身で褒めます。それは例えば次のような、生活の中の一つ一つのことです。

・今日はちゃんと起きて舌ブラシして白湯飲んだ！　えらい！
・今日は朝日を見ながらバレエストレッチした！　えらい！
・今日はいちにち背筋を伸ばして仕事した！　えらい！
・今日はシンデレラタイム前に就寝した！　えらい！

忙しかったり疲れていたりしてこういう余裕がないときももちろんありますが、そういうときも自分のことを責めません。なぜならわたしは美人であり、少し自分を甘やかして元気を回復することもまた自己管理の範囲内であるからです。

・今日はポテチ食べてコーラ飲んだ！　おいしかった！
・今日は忙しすぎてずっとすっぴん眼鏡ひっつめヘアだった！　一日よく頑張った！

で、「明日なんとかしよっと」って調整するんです。

人に優劣をつけてくる人は、審査員席で偉そうにふんぞり返っていたいだけなんですよ。それでもわたしは一人で試合を続けます。それはわたしとの戦いです。わたしがわたしを評価する軸を他人に奪わせないための戦いです。わたしがわたしを認めるためにわたし以外の人を見下すことを必要としてしまう弱さを克服するための戦いです。

自分のからだを見てみましょう。服を脱いで、お化粧も髪飾りもとって。体型、肌の感じ、毛の生え具合、爪の長さ。自分のからだはいつも変化し続けていて、一度たりとも他の誰とも同じだったことがない、と思うと、貴重だわ、って思えませんか。失敗したり、認めてもらえなかったりしたこともありつつも、このからだで自分は生き抜いてきた。そういう一日一日の積み重ねが、自分のからだをここにしっかり立たせるための舞台になってくれるんだと思っています。

褒めてくれるだれかの声、惚れてくれるだれかの声は、確かに欲しい。だけど自分の人生にとって、それらはあくまで客席側のことなんですよね。また自分もだれかの人生の客席から、ついつい野次を飛ばしてしまうことがあるかもしれない。「なんで彼はわたしじゃなくてあんたみたいな女を選んだのよ！」みたいな。それも自分の舞台からひととき逃げている状態であって、客席側でのことです。

それでも客席の喧騒を抜けて、やがて舞台を作り上げるのが女優なのよ。

欲しかったものをもらえなくても、きっと自力で摑みにいけるわ。美人ねって言われたら「知ってる♡」って、ブスねって言われたら「どうしたの？　そんなこと人に言わなきゃやってられないようなことでもあったの？　わたしでよければ話を聞くわよ」って、誰も何も言ってくれなくても「今日のアイラインはうまくいったわぁ」って、やれると思うのです。ね、大丈夫よ。あなたを美しく生きるのは、あなたの他にないんだから。

アチョ～。

（2018年7月掲載）

## 性被害からの性依存。私はいわゆるメンヘラです

取り戻したい。のに、なにを奪われてしまったのかがわからない。だから自分が奪う側に回ってやるんだ、って大暴れするうちに、奪い奪われる蟻地獄から出られなくなって、ああ、空が遠い。汚れつちまつた悲しみに。ってなる現象、起こりがちだなと思っています。特に、金と権力とセックスにおいて。

今回ご紹介するのは、「男性からの性被害を受けて以降、狂ったようにいろんな男性と性交渉を持ち続けてきた。が、男性は、自分より経験人数の多い女性を敬遠しがちなのでは。将来的にどうしよう。本当はもう性交渉なんかしたくないな」とおっしゃる女性の方からのご投稿です。

メンヘラ、ビ○チ、ヤリマ○。投げつけられるこれらの言葉を彼女は伏せ字で書いているのですが、なぜ、伏せ字なのか。誰のために、伏せ字なのか。彼女から大切なものを奪っていった存在にわたしはマジでブチギレておりますけれども、わたしは、自分の怒りに飲まれたくはない。**「奪い返す」のではなく、「取り戻す」**ことをしたい。って思ってます。その炎に焼き尽くされることなく、決然と灯していきたいんです。

自宅待機とかＤＶ急増とか叫ばれる中、「みんななんでそんな安心できる場所があるん?」っ

て孤独に震えている方も少なくないでしょうけれど、おれたちには言葉がある。つながり合えるインターネットがある。ハッピーエンドに殺されない。いっしょにゆっくり考えていきましょう。お話を伺います。

こんにちは、いつも楽しく記事やツイートを見ています！　早速内容なのですが、私（大学生女です）はいわゆるメンヘラというものだと思います。過去に数回性被害を受けて以来、性依存的な状態に陥りました。付き合っていない男性と「そういう関係」になることが自分の存在意義？　のように感じていました。なかには私を性的なオモチャのように扱う人もいて、でもそれを断れなかったのです。

そんななか、彼氏（Aと呼びます）が出来ました。そのAと親密になるきっかけも、Aが女性経験がないというので「そういう関係になっちゃう？」と私が誘ったことからでした。そこからAとは2年以上付き合ったのですが、ある時から彼はこのようなことを漏らすようになりました。「俺も他の女の子とやりてーな」、「俺は1人しか経験がなくてみじめだ」と。挙げ句、「お前は過去に沢山の経験をしていてずるい。俺も数合わせとして身近な女の子とやる。お前は随分といい思いをしたんだろ！」と堂々と浮気許可しろ宣言。

結局Aとは他の女性と関係を持ちたがっていた点やその他の揉め事でお別れをしました。

私（性依存で、狂ったようにいろんな男友達と片っ端から関係を持っていたのは事実だが、経験人数にカウントされるのだろうか。本当に好きな人と性交渉したものだけをカウントしたい。。）

これはおかしい考えなのでしょうか。挿入↓1カウント！　経験人数増！　となってしまうものでしょうか。私はまだ大学生ですが、将来結婚を見据えてお付き合いをするのが怖くなってしまいました。

「自分より経験人数（挿入人数）が多い女は嫌だ」となってしまう男性の気持ちも分かります。でも過去は変えられないので、私は一生、私にとっての「業」を背負って生きていかなければならないのでしょうか……。

馬鹿正直に経験人数を答える自分もアホですが、将来的にどうしよう……と悩んでいます。レイプ被害受けてメンタルやられたから性依存して男性と関係を持ちまくった！　なんて大きな声で言えるようなことじゃないし、理解もされないと思います。

過去の経験を話した相手（Aや、その以前の元カレ）にはビ◯チ、ヤリマ◯という言葉を言われたこともあります。。

この先、どうすればいいでしょうか。。（ちなみに蛇足かもしれませんが、今もメンヘラではあります。しかし、複数人と関係を持ちたい欲求もなく、なんなら「もう性交渉はこりごりだからしたくない」「次にお付き合いする人は性欲がない、または薄い人がいい」という気持ちです……）

でも大学生は性的に関心がすごくある時期の方が多いので、同世代と付き合ったらまた前みたいに性依存に戻ってしまうのかもと思うと怖いです。

長文失礼いたしました……。答えづらい相談であることは重々承知していますが、まきむぅさんから何かアドバイス？　みたいなものをいただけたら凄く嬉しいです。

めっちゃ泣いとる。わたしいま、あなたを思って。

わたしはめっちゃ泣いとるんだけど、同時にこうも思う。

「女だから泣くことを自分に許せたんだな」って。


わたしが男だったら、あなたの元カレの立場だったら、泣くことを自分に許せないかもしれない。愛する女性が過去を打ち明けてくれた、そこまで自分のことを信頼してくれた。なのに、彼女の痛みを想って共に泣くことを、自我♂は、自分に許せないいんじゃないかと思う。

泣いたら、男らしくないと思われるかも知んないから。

泣いたら、女子に頼ってもらえないかも知んないから。

泣いたら、その涙が誰を思ってのものなのかわかんなくなりそうだから。

泣いたら、愛する彼女を傷つけたその男どもに俺まで傷つけられたような、負けたみたいな、「俺がそいつに負けて泣かされた」みたいな気持ちになるから。俺が。俺が。俺が……。


**愛する人を想えず、ただただ「俺が」負けるのが怖くて**あなたを「メンヘラ」「ビ○チ」「ヤリマ○」扱いした男の子たち。半笑いの男の子たち。彼らも生き続ければ、成長をやめなければ、もっと大人になる。大人の男性に、一個の人間になる。そして、気づく。「過去の性被害経験を話してくれたあの元カノにビ○チとかヤリマ○とか言ってしまった、ちゃんと受け止めることができなかったどころか余計に傷つけた俺がどんだけ強がりの弱っちいガキだったたか」ということに。

その日が来るまで、彼は泣けない。

その日が来るまで、彼は**〝泣かないつよい正しい男の子〟**でいることに**必死**なあまり、人間としてあなたと共に泣くことを自分に許せない。

泣くことを自分に許せない、強くあることを自分に強いる、**セックスにおいてすら「やれる」とか「〇人斬り」とか「鬼イカせ」とか「スト値」とかいってバトルし続けて生きるボーイたち**は、そりゃ、あなたに向かって「挿入↓1カウント！　経験人数増！」ルールを強いてくると思いますよ。一生そこで生きる人もいます。でも、そのバトル会場が世界の全てじゃないから。**いたいならいてていいけど、出たいなら出ていい**。バトルしてるプレイヤーたちのバトル会場の外にも、人間がいっぱいいいますので。バトル会場の外、広いわよ〜。

**「レイプ被害受けてメンタルやられたから性依存して男性と関係を持ちまくった！　なんて大きな声で言えるようなことじゃないし、理解もされないと思います。」**

あなたはこう言ったけど、バトル会場を出ればわかる。これはね、「理解されないこと」じゃない。むしろ、「理解できないフリ」をすることによって、「自分からそんなふうにした女が悪いんじゃないか」という**自己責任論でフタをする**ことによって、近代人類がずっとずっとずっとずーっと保持してきたシステムのための犠牲ですよ。

**あのね、管理システムなんだよね。**

「女の子はいつかママになるんだから、その処女を愛する人に捧げるまで清く正しくいなさいね！」という管理システムに従順に生きた場合にはシステムに守ってもらえるんです。そして皮肉なことに、そのシステム自体を保持するためにこそ、「いい子にしなかったから守ってもらえない子」が見せしめにされる。

女性が「嫁にしたい家庭的な子」と「自分から望んで女を売りにしてるんだからそういうふうに扱っていい子」に二分割され、後者は「システムに従順に生きなかった場合の見せしめ」として徹底的に利用される。何が起こっても「自己責任（笑）」「自衛しなかったのが悪い（笑）」「お金いっぱいもらってるんでしょ（笑）」「ああいうふうになっちゃいけませんよ（笑）」扱いされる。

システム内で守られて生きてる人たちはね、性別問わず、「そういうふうに扱っていい子」にそうやって石を投げますよ。そして石を投げられたほうは、開き直るか閉じこもる。開き直り男から巻き上げた金で男を買うか、もしくは、閉じこもって過去を隠し完全に「嫁にしたい家庭的な子」を演じきることで復讐を成し遂げるんです。

管理システムに守られなくなった子……具体例を出すと、性被害を受けたのに「あなたが悪い」で封じ込められた子とか、父親の暴力から母親ととりあえず逃げたんだけど母親が精神を病んだ、でもそれで心療内科受診のために保険証使ったらまだ父親の健康保険だから居場所とかバレるんじゃない？　って怖くなってとにかく父親に負けないくらい稼ぎたくて性風俗で働き始めたけど全部自己責任扱いされて適切な社会保障につなげてもらえてない子とか、いっぱいいっぱい会ってきたよ。わたし。そしてそういう子たちとつながり合うための合言葉が、わたしにとっては、「メンヘラ」だったんだよね。

**「メンヘラ」は、誇り高き自称だった。**

「愛してるって言わなきゃ殺す」と歌った戸川純、周囲から狂気扱いされる矜持《きょうじ》を守り抜く孤高について書き続けている嶽本野ばら、モテることとは全く程遠いファッションばかりスナップして「学校やめちゃった人特集」とかやってたファッション誌KERA、現代に続く系譜だとあいみょんとかアーバンギャルドとか大森靖子とかミオヤマザキで、システム外のわれらメンヘラはずっと、つながりあってきた。国民健康保険料すら払えていないことを理由に心療内科受診を断られたことをうまく話せなくても、病みかわいい子の自撮りポエムを見るだけで、あ、なんか、うん。って、誇り高く「メンヘラ」を自称できた。たとえ、インターネットの上でだけでも。

だけどこの「メンヘラ」という言葉すら、この頃では完全に蔑称として使われているみたいだよね。

わたしは、「メンヘラ」という言葉すら奪われつつあることにめっちゃキレていて。「サブカル女」も近いけど。てめえら、こっちに投げつけようとしてるその石を返せ。てめえにその価値がわかるか。わからねえだろう。わからねえならみんなに人気のJポップを歌ってろ。「みんな頑張ろう君は一人じゃない」みたいな歌詞で素直に感謝してろ。返せよ。地元の仲間は最高か？あ？　帰んな。その石、キラッキラに磨き上げて宝石にしてやるぞ魔法少女だもん★　32さい★

って、気持ち。

こうやって、投げつけるのに使われてる石を取り返してキラッキラに磨き上げて自分のものにする行為を、わたしは「**リクレイム**」と呼んで大切にしています。誇り高く「ビッチ」を名乗る行為、誇り高く「オカマ」を名乗る行為、誇り高く「レズ」を名乗る行為、「まんこ」という言葉を決然と使う行為などがそれに相当するわけですが、取り返してキラキラに磨き上げた宝石をその価値もわからねぇやつらが指差して「うわービッチだｗオカマだｗレズだｗメンヘラだｗ」してくることもあるよね。マジでしょうもねえな。まあ、でも、**自分で磨いたならそれは宝石だよ**。飽きちゃったらさ、身につけなくてもいいし。

奪い、奪い返すバトルフィールド。決められたルール。「挿入→1カウント！　経験人数増！」。その中でリベンジバトルやりたければやってもいいんだけど、そいつら、相手にする価値ある？　実はそいつら、一人相撲してるだけじゃん？　というのが、わたくしのご意見です。

**リベンジバトルとしてじゃなく、脱出作戦として**進めていく方向もある。参考としては、2020年の東京新聞の「やめたいやめられない　性依存と向き合う」【注19】っていうシリーズ記事。あとは1966年の古書、『わが星はいずこに　青い目の韓国女性の手記』（朴玉順著　松本直樹訳　講談社）も、胸が熱くなる脱出作戦だったな。論文だと茶園敏美さんの『パンパンとは誰なのか』も、構造を冷静に見抜こうとする知的な戦いだった。

石を投げてくる人たちは、実は、システムの操り人形にされているに過ぎないとわたしは思っています。その人たちがいつか自力で自由になれることを願って、わたしは石を取り返す。キラッキラに磨き上げる。身につけるか身につけないかも、自分の気分で選ぶ。そして、その人たちに石を投げさせる何かを、じっと見返す視線を持ちます。そのために話を聞き、本や新聞を読み、学ぶんです。

**そのバトル会場のルールに乗せられないで。**奪い奪われるヒャッハーワールドに背を向ければ、「それ以外」の世界が見えます。もっと大きな仕組みを見抜くことに、きっと、挑んでいけます。シンプルなことです。**したくないことをさせられなくていい。**あなたは、システム保持のためのパーツではない。

人間です。

もの思う、人間です。

（2020年4月掲載）

# 生活苦から結婚します

「一人では生きていけないから結婚する」

って、簡単に裏返っちゃうんです。

「一人では生きていけないから離婚できない」に……。

だから、ちょっと考えたいんです。なぜ、そして、どの点で、〝一人〟だと思わされているのかを。単に「結婚制度を使っていない」って状態を「独身」、「特定人物と一対一の排他的性関係を結んではいない」って状態を「一人」って、わたしたちに呼ばせているのは、一体、なんなのかってことを。

結婚も恋も関係なしに、本当は誰も一人じゃないはず。

神奈川県央部、現在で言う相模原市あたりの古い言葉では、結婚せずにいる人を「おんじ」「おんば」と呼んでいました【注20】。共同体の一員として扱い、「一人」を意味する言葉では呼ばなかった。

それに比べて、古くから戦乱が多く武装の必要があった地域、例えばヨーロッパでは、結婚していない／特定の性的パートナーと排他的関係を結ばない人を、「単一」という意味を含む言葉で呼んできました。

面白い例をあげましょう。フランス語で「独身」は「célibataire」。これはラテン語の「caelebs」から来ており、そして「caelebs」とは「片目の、単眼の（caecus）人生（leb）」です。これを皮肉って、第二次世界大戦前のパリ・モンマルトルには、「結婚しない片目の人生、最高よ！」ってことで「Le Monocle（片眼鏡）」という名前の女性限定社交クラブがありました。燕尾服のギャルソンヌ、水兵服のマドモワゼル。片目だけの眼鏡は、当時のパリで、女を愛する女のシンボルでした。

ところが……第二次世界大戦。パリは、ナチスドイツの手に落ちます。クラブは閉鎖。同性愛者とされた人たちは、次々と強制収容所で殺されたり、異性との性交を強要されたり、〝同性愛治療〟と称した人体実験の対象にされていきました（参考：『同性愛は「病気」なの？　僕たちを振り分けた世界の「同性愛診断法」クロニクル』牧村朝子　星海社新書）。〝単一〟であることが、許されない世の中になったのです。民衆を争わせ、富や土地を我がものとしたい権力者は、いつでも、どこでもこう言ってきましたからね。「敵を殺しなさい。あなたの愛する妻を、子供を、国を守るために。次の世代の国民を産みなさい。他のどこでもない、この国が勝つために」……

そして、今回のご相談がこれです。

「一人で生きていくのが厳しいから結婚します」

こうした方が増えていることは、人生相談をお受けする文筆家として実感しています。ということで、長い前置きになりましたけれども、まずは「結婚しているかどうかにかかわらず、本来誰も一人ではないはず」「にもかかわらず、結婚していない状態を〝一人〟だとわたしたちに思わせているのはなんなのか、一体何がわたしたちに〝一人で生きていくのは厳しい〟と思わせているのか」というお話をいたしました。

その上で、相談者の方と考えていきたいと思います。相談文には「セクマイ」というキーワードが出てきます。これは「セクシュアルマイノリティ」、性のあり方が少数派であるということにされ、存在が軽んじられたり、社会制度設計の想定範囲外とされたりしているために不利益を被る人々の略称です。男子／女子で分けられている施設や法制度で困る、その場にいないことにされて嘲笑される、結婚制度を利用できない、などといった例が挙げられるでしょう。

が、これは、ご自身を「セクマイ」だと考えない方にも当てはまる話。大きく言えば、「言葉の力で自分の思想を決定付けられてしまうこと」についての話だとわたしは思っています。結婚していない状態を「独身」と呼ぶ言語によって、「一人」だと思わされてはたまりません。言葉の力に使われないために。言葉を、使うために。まずは、相談文から読んでいきましょう。

まきむぅさんこんにちは。

昔サインして頂いた『百合のリアル』、大切に読んでます。

最近もやもやしていることがあるので聞いて頂けると助かります。私は仕事があまり上手くいっておらず、家族を全員亡くして事後処理で燃え尽きてしまい、１人で生きていくのは厳しいなぁと常々感じています。そこで現状打破を掲げて婚活をし、穏やかで優しい男性とのご縁がありました。男性の方も結婚前提の付き合いを、と言ってくれています。

しかしながら、私はセクマイ当事者としてインタビューを受けるなどしていたことがありました。セクマイ当事者として振舞っておきながら、30歳を目前に控え、世の中の呪いに負けて結婚妊娠出産子育てのルートに向かっている自分ってどうなんだろうと思ってしまいます。男性と恋愛できる気はしないので、お相手には恋愛ではなく家庭を運営していく為のパートナーシップを築きたいという話をしています。

友情結婚という形でお相手との在り方をカスタマイズしていきたいと思っていますが、セクマイ当事者として振舞っていた自分と、内情はさておき法律婚に向かっている自分がちぐはぐで噛み合わない感じがします。もしよろしければ、まきむぅさんに考え方のヒントを頂けると嬉しいです。

「セクマイならば異性と法律婚するのは負け」という思想のほうがよっぽど呪いだと思いました。「セクマイ」という言葉をアイデンティティにしている方から奪うつもりはありませんが、指摘しておきたいと思います。「セクマイ」という日本語表現は、人間が自由になるために生み出したものです。その言葉で不自由になっては、本末転倒です。

誰がマジョリティで誰がマイノリティとなるかは、相対的なものです。絶対的なものではありません。言い換えれば、この世に「マジョリティさんたち」と「マイノリティさんたち」がいるのではない。人間と人間の力関係によって、「マジョリティの立場に置かれる人たち」と「マイノリティの立場に置かれる人たち」がいる、ということです。

にもかかわらず、一個の人間を指して「セクマイ」と、キャッチーに略して言うことにどんな危険性が潜んでいると思いますか。わたしが思うに、人が人を「セクマイさん」にしてしまう危険性です。「世の中の仕組みがある特定の人たちを社会制度から排除されたマイノリティにしてしまう」という根本の話を忘れ、「世の中にはセクマイの人たちがいる」という発想になってしまう。つまり、社会制度が不問にされてしまうのです。

その上、マイノリティであることそのものにアイデンティティを見出すと、こんな感覚に囚われてしまうこともあります。

「権威としてそびえ立って自分を迫害する何かがなければ、そしてそれに抗《あらが》っていなければ、自分は自分でいられない」

相談者の方が直面しておられるのは、おそらく、このアイデンティティクライシスです。自分のことを「セクマイさん」だと言っていたのに、「マジョリティとは違う自分」、「権威に抗う自分」、「他のセクマイたちと仲間でいられる自分」だと思っていたのに。もうその名を名乗れなくなるのか、それではいったい自分は何者だったんだ、これから誰を仲間だと思えばいいんだ……。と、いうような。

でもね。

最初から、あなたは、あなただったんですよ。

あなたを説明してくれる言葉を、あなた以外の人に求めて安心したこともあったでしょう。けれど、それがあろうがなかろうが、あなたは、あなただったんですよ。最初から、あなたは、あなただったんですよ。

お送りくださった文章は、「一緒に家庭を運営するパートナーを探して候補を見つけた」という話ですよね。それをあなたが選択なさった。あなたの人生の話なんです。それを「世の中の呪いに負けて結婚妊娠出産子育てのルートに向かっている」とおっしゃいますが、この文章からは、あなたが妊娠以降をなぜやりたいのかが伝わってきていません。まさか、「結婚の後は妊娠出産子育てをしないといけない」と思い込まされてはおられませんよね？　繰り返します。あなたは最初からあなただし、これからも、あなたなんですよ。

今までたくさんのことを、よく乗り越えてこられました。きっとお疲れでしょうけれど、しかし、そんな今だからこそ、そもそも「一人で生きていくのは厳しいなぁ」の中身をもう一度見てみるといいと思います。それは、経済的なものでしょうか？　精神的なものでしょうか？「一人で生きていくのは厳しいなぁと思っての結婚」は、ともすれば「家事やってくれる役を探す」「ATM役を探す」みたいなふうにも聞こえるんです。それをやる人もいますし、それも一種のサバイバルですが……単に、方法として安全性が低すぎるとわたしは思います。

縁起の悪いことを言うようですが、結婚って、結婚相手にこういうことも実際にあるわけでしょう。
・すごい借金を隠していた。
・結婚後に犯罪を犯した。

・なんらかの過失で莫大な賠償金支払い義務を負った。

というわけで、結婚は……特に法律婚は、一人よりも暮らしが楽になることとは限らない。むしろ、いろんな意味でもう一人分の重みが加わった暮らしを始めるってことだと思うんです。その人の人生の重みをも背負って、苦労してでも経済的安定を目指したい、相手が刑務所にいても支えたい、償う日々にも共にありたい、大病をした時も支えたい。そういった場合は、むしろ法律の上で婚姻関係があったほうが確実です。ですが、特定個人のそういうのは背負いたくない、ただ自分が生きていくのが厳しいから助けてほしいだけ……という場合、わたしがそれを求める相手は結婚相手ではありません。行政です。周りの人です。結婚しなければ生きていけない、という、簡単に「生きていけないので離婚できない」に裏返ってしまうような重大欠陥を抱えた社会設計に、わたし自身含め、いかなる人も追い込みたくないからです。人間社会をなす一員として。

人は、いわゆる「独身」であっても、一人で生きているわけではありません。各種の社会制度があり、戸籍には載らない人間関係があって生きています。

社会制度からの排除を受けている人が「マイノリティという状態にある」のであって、「セクマイ」という種類の人間がいるわけではありません。結婚しようがしなかろうが、各種の社会制度と、戸籍に載ったり載らなかったりする人間関係の中で生きていることに変わりはありません。

どうか、「セクマイ当事者として生きてきたけど一人で生きていくのが厳しいので、男性と恋愛する気はないがパートナー関係を築いてほしいというわたしを受け入れてほしい」……ではなくて、もっと広く豊かな人間関係を編んでいけますように。誰かと結婚制度を使うにしても、使わないにしても。cakesの連載の元になった本、『百合のリアル』にある通りです。言葉は、わたしたち人間をカテゴリ分けするものではなく、タグ付けするものとして使っていきたい。「セクマイ」だとか、「配偶者」だとか、いかなる言葉を身につけるのも、他ならぬ、あなた自身です。

（2021年2月掲載）

# 合わせて、群れて、遠のいて

メダカたちと暮らしています。

メダカってね、自然界だとケンカしないんだって。人間に囲われるとケンカを始めるの。ちょっと野生のメダカを観察したことないんで、自分では確かめることができてないんですけど、メダカに詳しいおじいさんが言ってました。

自然界だと、争う理由がないんですよね。

だって争いって、奪い合いでしょ。互いに高め合うための争いでないならば、要するに、奪い合いなんですよ。じゃあ何を奪い合うかって、食べ物、安全で快適な場所、性行為の相手、とか。要するに、よりよく生きるための何かを奪い合って、生き物は、争うんだよね。

で、自然界だと、メダカって弱いんですよ。すぐ食われる。蟹とか、ヤゴとか、他の魚とかに。なんなら生まれてすぐに親に食われたりする。自然界において、弱い生き物、他の生き物に捕まって食べられちゃう可能性が高い生き物っていうのは、たくさん子供をつくることで生き残る戦略に出たりするんですが、それなんですよね。

メダカ、自分の卵とか子供とか食べるんですよ。

ヒトも、産んだ子供を売り飛ばしたり強制的に働かせたりして、それでなんとか飢饉の中を生きようとした歴史があるでしょ。個人的には考えたくないけど、実際問題、その……遠回しな表現をすれば、童話『ヘンゼルとグレーテル』みたいな話とかが本当にあったんだと思いますよ。

ああ、弱きものたち。小さくて弱くてすぐ食われてしまう生き物たち。だから、たくさん増えて、群れを作って、みんなで集まって生きています。食べ物もね、自然界では、なんか、そのへんにあるものを適当に取って食っているんですよ。居場所を奪い合うこともないです。みんなで群れて一緒にいられる場所そのものが居場所なので。ぽこぽこ産むから、たぶんもうわかんなくなっちゃってて、誰と誰の子供！　っていう意識もないんだろうね。特に、卵で生まれる生き物はきっと、誰が産んだ卵から自分が生まれてきたのかわからないよね。大きな群れで生きていると、性行為の相手も固定しないので、まあ、ふられたら別の子に行くんでしょう。

ところが。囲われると、どこにも行けなくなる。それで、争いが始まるんです。

食べ物。安全で快適な場所。性行為の相手。

わたしが食べ物をあげると、一番体のでかいやつが、他の小さい子たちを追い払おうとするんですよ。自分で全部食べたいから。かわいそうで、小さい子たちにあげようとするんだけど、そうするともっと小さい子たちがいじめられる。

場所についてもね、でかいやつが一番広々泳いでますよ。一匹きりで。小さい子たちは石の陰とか、睡蓮の葉っぱの裏とか、そういうところにちょこんとしている。でかいやつに襲われて逃げ込んだ先に、別の小さい子が隠れてて、うわっごめん、きゃーっ、って二匹で一緒に逃げていたりします。

まず、心地よい場所を奪い合う。そこで負けた子たちは、安全な隠れ場所を奪い合う。その隠れ場所すらなくなると、小さい子たち何匹かで身を寄せ合おうとする。

性行為の相手も、奪い合いでした。たまたまうちに最初にきた子たちが、オス五匹、メス一匹って比率だったんですよね。バチェロレッテやんけ。お池の中のリアリティーショーですよ。まー、オスたちの、争うこと、争うこと。メダカってケンカすると水面ジャンプするんだね、って、初めて知りましたよ。メスはそれをちゃんと見てて、暴力的なでかいやつを嫌がるんです。絶対受け入れない。でかいやつが他のオスにオラついている隙に、誇り高きメスは、小さくて気弱だけど尾ビレのおしゃれなオスの求愛ダンスを受け入れて、寄り添って、睡蓮の葉っぱの裏に消えていきました。もうね、葉っぱが、ラブホの駐車場のピラピラに見えた。よかったね。でね、退室、タイミングずらしてましたよ。女優が先に出てました。それを見て、でかいやつが大喜びで寄っていく。で、事後の彼女が卵をいっぱいくっつけているお腹を、顔めっちゃ近づけて見てる。「え？　いや……え？」って二度見している。一方、彼女のお相手つかまつってた男子のほうは、まだ睡蓮のラブホに隠れている。彼女を抱きよせていた背びれをキュッと曲げたまんまで、ぼんやり、余韻に浸っている。そう。あの子たちね、背びれと腹びれで相手を抱くんです。嘘だと思ったら図鑑なりネットなり調べてみてください。わたしも嘘だと思った。でも、目撃しちゃった。マジだった。

本当に、嘘ー、って思うくらい。

メダカ、すごいヒトっぽいんですよ。

ヒトがメダカっぽいと言ったほうがいいのかな。

どちらも、社会性のある生物、と分類される種ですね。

梵我一如というか、本来は「大いなる自然に抱かれてこの命がある」状態でした。けれど、「大いなる自然に抱かれる」っていうのは、「別の生き物に襲われて食われる」ってことも意味する。だから安全のために、囲いの中で群れて生きる、ってことを始める。そうすると、その中に社会ができる。

で、「この社会のわたしたち」として群れサバイバルをするために、認めてもらおうとし始めるんですよね。みんなの向かうほうに行く。みんなと同じように振る舞う。「なんか違うやつ」をみんなで寄ってたかって攻撃することで、「わたしたち一緒に戦ってる!」「わたしたちこそが正しい!」って感覚に安心しようとする。

メダカたち。わたしが君らと一緒に暮らしたいあまりに、囲ってしまってごめんよ。って、思います。だけれどね、メダカに限らず、生き物はね、取ってきた場所じゃないところに放しちゃいけないんですよね。その場所の生態系や遺伝子系統を乱しちゃうから。

メダカたちは、わたしのことを認識しているようです。指を入れると近寄ってきます。指の間を、トンネルみたいに、ひゃーってくぐって泳いだり、指をつんつんしてきたり。大変かわいらしいです。何を考えているんだろうね。わかんないけど、この子たちは、この水の外に出されただけで、エラ呼吸できなくて死んじゃうんだよね。

人間も、どんなに自由に生きていたって、実は似たようなものかもしれなくて。地球……この水の惑星の、水の中に沈んだり、わかんないけど空に飛び立って成層圏あたりを突き抜けたりしたら、もう呼吸できなくて死んじゃうんだよね。生身だと。

けどね。

たとえ、囲いの中の、群れが息苦しくたって。ヒトもメダカも、囲いの外、群れの外に意識を向けることができるわけです。

そもそも、われわれ、社会的な生き物が、なぜ囲いの中で群れを作っているのでしょうか。それは、生きるためでした。

けれど、その生きるための囲いの中で群れるのが苦しくなったら、その外に意識を向けています。

ああ、目の前のことが苦しい。社会、苦しい。これ、もしかして、こういうことって、別の時代で、別の地域で、別の種の生き物で、同じようなことが起こっていたりしませんかね……？って。

そうするとね。オラついてくる人が、あの、でかいメダカみたいに見えてきたりするんですよ。引き続き、いやなやつです。だけれど、ちょっと、前よりかわいい。ああ、生きようとしているんだよな。って。ただただ、生きようとしているんだよな。って。

## 「人類の起源、宗教の誕生 ホモ・サピエンスの「信じる心」が生まれたとき」

山極寿一・小原克博 著
平凡社 2019年

ものの見方、対応の仕方、そういった決まりごとを信じ合い群れる仕組みが、社会だとするなら。群れで生きる犬は信じ合い、祈るのか？　物語を、暴力を、AIを内包し、ヒトの社会はどこから来てどこへ向かうのか？　かたや霊長類学、かたや宗教学・キリスト教学の視点から、時と種族を超えて社会を語る対話。

## 「よい移民 現代イギリスを生きる21人の物語」

ニケシュ・シュクラ 編
栢木清吾 訳
創元社 2019年

親が移民。自分は移民二世・三世。自分で選んで来たわけじゃなくて、英国で生まれ、英国の言葉で話す。出て行け、とか、社会に役立つ「よい移民」じゃないと認めない、とか、言われる。それで……どう、生きる？「テロリストの妻」「黒人になるためのガイド」ほか、21人が刻みつける生の言葉。

## 「百女百様 街で見かけた女性たち」

はらだ有彩 著
内外出版社 2020年

「女性」とされる人それぞれの、ルール、好み、武装、越境。まさに百女百様の装いを、スケッチとエッセイで描き出した一冊です。明日の服を選んだあとに、一晩一話ずつ読んでいくのがおすすめ。95ページ「下着の持つ要素」図を思い出しながら下着選ぶと、めっちゃ楽しくなります。

## 「夫婦茶碗」

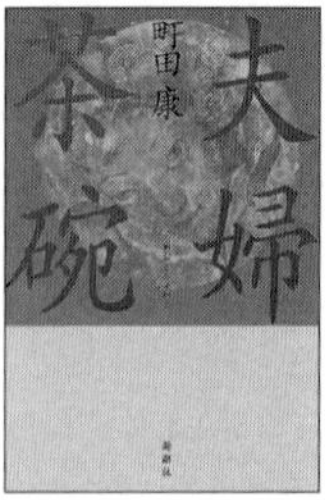


町田康 著
新潮社 1998年

町田康の作品はしばしば「主人公がダメ人間」とネタにされます。が、この金なし・職なし・いわゆるところの社会人適性なし男の物語を、主人公視点とその妻視点で、それぞれ一回ずつ読み比べてみてほしい。社会のもとめるふつうってやつにつらくなったら、これを読んでゆで卵食って食器を洗いましょう。

### 本の調べ方

異なるもの同士の接触を描いた物語や歴史書が面白いです。人を説得して仲間を増やし、同じになろうとするエネルギーを感じる本と出会ったら、それがどんな著者によってどんな社会背景で書かれたのか、その時代・地域・信仰などを調べています。

# 第5章 そのままの「自分」を取り戻すために

# ノンケ男に愛されないならレズビアンにも愛されないですよね

国語の時間です。

今から、935文字……ちょうど冬休みの宿題の作文くらいかな？　っていう分量の投稿文をあなたと読みたいと思います。早い人で1分、ゆっくり読んでも3分くらいだと思う。で、作者の言いたいことを、あなたの言葉で要約してみてください。**5文字に**。本当に言いたいことは、本当は、とっても短い。

今回ご紹介するのは、「コミュ障、陰キャで二次元オタク、見た目はブス、地黒、貧乳」とご自分でおっしゃる方からのご投稿です。


初めまして。まきむぅさんの文章が好きでcakesやnoteをよく読ませていただいてます。乱文ですが失礼します。

私は都内在住大学生のレズビアンです。男性経験、女性経験どちらもありません。一時期男もいけるかな？と思った時期もありましたが、今までずっと男性を好きになったことがなく、現在は完全に女性としかセックスしたい、付き合いたいとは思わないです。高校生の頃、初めて同性の親友を好きになりました。それまでは恋愛に興味がなく、全く縁がありませんでした。

小学生の頃は場面緘黙《かんもく》症気味で同級生（主に男子）から菌扱いされていました。中学生になると多少マシになりましたが、友達は少なく、だいたい一人でいました。たまにクラスメイトと話せると「あぁ、やっとまともな人間に近づけたかな」と考えていました。

高校1年生になり、私の初恋の人に出会いました。初めて会った時はこの子かわいいな面白いな、ぐらいしか思ってませんでしたが、どんどん仲良くなるうちに、2年生の頃に初めて彼女への好意に気づきました。今でも彼女のことは好きですが、いい友達でいようと決めました。

彼女が欲しいという気持ちはありますが、出会いが少ないうえ、人見知りで初対面の人と話すのは得意ではないし、経験がないのでセクシュアリティをどう言ったらいいかよくわからなかったり、自分に自信がなかったりで全く行動に移せませんでした。

お察しだと思いますが、私はいわゆる「喪女《もじょ》」です。コミュ障、陰キャで二次元オタク、見た目はブス、地黒、貧乳などいい所が見当たりません。モテないのも当然だと思います。醜いんだから身なりはちゃんとしなきゃと思い、大学進学をきっかけに化粧やおしゃれを覚えたりしたら、高校時代の同級生から「女らしくなった」「彼氏できたでしょ？」と言われるようになりました。素直に嬉しかったです。しかし、いくら見た目の雰囲気が良くなったとしても、男女問わず私に好意を寄せてくる人は居ませんでした。

レズビアンの方は女性のジャッジに厳しいとはよく聞きます。星の数ほどいるノンケの男にも相手にされない私は、レズビアンの世界でも相手にされないでしょう。

**こんな私でも生涯を共にできるような彼女を見つける方法はありますでしょうか？　長文になり申し訳ありません。**

はい。拝読いたしました。では、一緒に要約しましょう。5文字で。5文字ですよ。5音に絞る必要はないです。例を出すと、「卵かけご飯」は8音だけど5文字でしょ？　こういう感じで、5文字に絞ってくださいね。

……

いいですか（5文字）？

……

（自分で考えてね）

……

（読者の方も、この投稿をお送りくださった方も、よ）

……

（わたし、あなたが本当に考えてくれるまで改行し続けるからね‼）

……

（国語だからね‼）

……

（作者の気持ちを考えて‼）

……

できたかな（5文字）？
じゃ、わたしの5文字要約を解答欄に記入しますね。

「変わりたい」

はい。投稿者の方はそろそろ、自分を守るために自分で唱えた防御呪文による防壁の外側に行きたいんでしょう。変わりたいんだと思う。でもそれは防壁だから、自分で出ていくのは怖いから、「誰か」に連れ出して欲しいんじゃないかな。変わりたいけど、変われないから、待っているんじゃないかな。愛による救出劇が起こるのを、受け身で。

どの沼にご生息のオタクの方であらせられるかわかりませんけれど、一応ユニバーサルに、そうだなあ、ドラクエにたとえるとねぇ、**「モンスターのいない町マップでも町人に対して防御呪文マホカンタを唱え続けている」**みたいな状態に見えるんですよ。もう一回読み直しましょう。**「コミュ障、陰キャで二次元オタク、見た目はブス、地黒、貧乳」**。その前の一文がこれでしょ。**「お察しだと思いますが、私はいわゆる『喪女』です。」**びっくりしちゃった。

なんでびっくりしたって、特に「お察し」してないから、わたし。いやいやいや、マジでびっくりした。町で突然マホカンタ撃たれると思わないもん、わたし。勇者様落ち着いてよ。「レズビアンの方は女性のジャッジに厳しい」ってどこで聞いたのよそれ。インターネット？　なんでそんなに世界中全部を戦場みたいにいうのよ。

「ここは　ケイクスの　まちだよ▼」

（ドラクエの町の入り口にいる非戦闘員の町人のセリフ）

（その場でトコトコ足踏みしながら）

たぶん投稿者の方は、小学校というフィールドマップでさ、その辺のザコキャラにめちゃくちゃ傷つけられてきたんだよね。「メラ！」「ヒャド！」「イオ！」って、覚えたての初級攻撃呪文を大喜びで唱えてるようなやつらにさ、「菌！」「ブス！」「陰キャ！」とかって、言われてきたんじゃないかと思う。でもさ。そんなんさ。

**トヘロス一発じゃない？**（※低レベルの敵が出なくなる呪文）

トヘロス唱えるまでもなくあなたのいる場所はね、もう小学校じゃないんですよ。大学なんです。脱出おめでとう。小学校時代より高レベルな敵が出るぶん、自分のレベルも上がってるし、かつて敵だったようなやつも道中いろいろあって、「なかまになりたそうに　こちらをみている！」かもしれないですよ。

せっかく新しいマップに来たのにね、ねえ、その場所でマホカンタ唱えて、**自分を守るために作り上げた壁の中で、自分から「醜い！」「誰にも愛されない！」とか言ってちゃ、そりゃ、自分に跳ね返りますよ。**そんでボロボロになってね、「こんな私にも彼女ができますか？　ホイミ（回復）して〜（涙）」ってやるのも、いいけどさ、いいんだけどさ、たぶん、マホカンタの壁に向けて自虐つぶやくのをやめるほうがよっぽど手っ取り早くない？　今日、いまからできるんだもの。

「誰か愛して」（5文字）

「みんな嫌い」（5文字）
「自分が嫌い」（5文字）
「世界が怖い」（5文字）
「マホカンタ」（5文字）

そろそろ、ゲーム、進めたくない？

「変わりたい」（5文字）
「きみが好き」（5文字）

てれれってってってーん。あたらしい　じゅもんを　おぼえた！　ってできる経験値が、もうたまってると思う。だってじゅうぶん、もうじゅうぶん、戦ってきたんだもの。

あの時食らった攻撃呪文を、自分で繰り返すのはもうやめましょう。
新しい魔法はもうすでに、あなたがあなたを守るために重ねた、一つ一つの言葉たちの奥に……傷口に小さな血小板が折り重なって固まったかさぶたのような、アルマジロのうろこのような、マホカンタの壁のような、無数の言葉たちの、その奥の奥、5文字くらいで要約できるところにあるんですよ。

「ほんとだよ」。

（2020年1月掲載）

## 上京すれば生きやすくなる、と思ってたのに

ここにはない。あそこにはあるはず。そう信じたのに見つけられなかったものを、どこに探せばいいっていうんでしょうか。
今回ご紹介するのは、「上京すれば生きやすくなる、と思ってたのに」とおっしゃる方からのご投稿です。

まきむぅさん、はじめまして。私は今、地方から上京して、都内に住んでいるかわいい女の子大好きな女です。笑
地方に住んでいた頃、セクシャリティなことで傷つくことが多く、都会に住めば少しは軽減されるのではないか、都会に行ってセクマイが住みやすい環境を作るような仕事をしたいと思い、引っ越してきました。

ただ、現状はそこまで変わりませんでした。。
私は今、セクシャルマイノリティの方達についての知識を広めたいと思い、テレビ関係の裏方の仕事をしていますが、自分の想像してたお仕事とは全く違く、辞めようかと考えてい

ます。

次の就職先を決めようにも、どんな職業に就けば、自分の考えていることを実現できるのかが分からなくなっています。上京してきたので、友達も少なく、お金もそんなにない状況なので、毎日不安で仕方ありません。

私の理想を叶えることは無理なのでしょうか。。

ご投稿、ありがとうございます。
大丈夫よ！　きっとできるわ！　頑張って♡
……みたいなことをキラキラ書けなくてごめんなさいなんですが、嘘のキラキラ書くより正直に向き合いたいので正直に言いますと、ごめんなさい、イライラしました。こんなにもイライラするほどあなたが気になるので、話を続けます。
なんでわたしがこんなにもイライラしてしまったかって、投稿者の方がキラキラして見えたからだと思います。だってあなた、こうお考えになったんでしょ？

・上京すれば、生きやすくなる。
・テレビの裏方の仕事をすれば、すぐにでも伝えたいことが伝えられる。
・「まきむぅさん私の理想を叶えることは無理なのでしょうか」と投稿すれば、「大丈夫よ！　こうすればきっとできるわ♡」って言ってもらえる。

こういうふうに、**「そこに行けばそれがある」**って無邪気に信じていらっしゃるようにお見受けするの。

で、たどり着いた東京のテレビ現場でこうおっしゃっているんでしょ。「あれれ、ここにもない。お金もない。友達もない。次はどこに行けばいいの?」

カァ――――――ッ‼

あー、もうわたし今めちゃくちゃ桃井かおりのモノマネしてるからね。19万円の椅子にダルそうにもたれて、「アンタさぁ、自分のこと好きって言える?　SK-Ⅱ」ってカメラ目線で言いながら赤ワインあおってるからね(妄想の中で)。

でも悪いことに、そういう「アタシ年上の女だけどアンタみたいなお嬢ちゃんにはイライラするのよねマウンティング」をしてくる30代に対してもわたしが20代だった頃は超イライラしてたわけ。で、妄想の中の桃井かおりに言い返してもらってたわけ。「アタシだって傷だらけよ‼」って。そうよね傷だらけよね。頑張ってきたのよね。

**あなた、信じていたのよね。「そこに行けばそれがある」って。**

裏切られたわね。

**おめでとう。ここからが面白いわよ。**

ね、みんな信じたいのよ。「そこに行けばそれがある」って。

インドに行けば自分が見つかる。

パリに行けばおしゃれになれる。

ハリウッドに行けばアメリカンドリームできる。

結婚すれば幸せになれる。

東京に行けば自由になれる。

有名大学に行けば未来が約束される。

この業界に入ればやりたいことができる……。


そういうことを信じたいの。遠くの星を見上げるからこそ、頑張れるの。

でもね、実際にたどり着いたらわかるのよ。「えっ、星、土のかたまりやん⁉」って。「ヘタこいた〜」って。

そこに行けばそれがあると信じて、そこに行って、でもそれがなかった。**星が光って見えたのは、星から遠いからだった。**そう思い知らされた時……かつて憧れた星の土に倒れ込んで暗い空を見た時、純粋な人はまた、別の星を探してしまうのね。ちょうど「次の就職先を決めようにも、どんな職業に就けば、自分の考えていることを実現できるのかが分からなくなっています」っておっしゃる投稿者の方みたいに。それじゃきっと、同じこと繰り返しちゃうとわたしは思うのよ。「どの星に行けば幸せがあるの〜?」って、さまよい続けてしまうの。

さまようことも無駄じゃないけど、今までのさまよいを無駄にしたくないでしょ? だから、わたしの「**そこに行けばそれがある**」が裏切られたときに、わたしがどうしたか、を4ステップでお話ししようと思います。いいこと、「こうすればいい」とは申し上げませんよ。「わたしがどうしたか」なんだからね。勘違いしないでよね。

## （１）休む。

まず、休みます。これは必ずしも仕事を休むという意味ではなく、体を整えるという意味です。眠れてますか？　栄養取れてますか？　体は凝ってませんか？　自分の外側に幸せを探そうとしていた時、わたしは自分の内側のことをおろそかにしていました。そうならないよう、まずは自分の体を整えます。

## （２）ブチギレる。

元気、出ましたか？

じゃあ、キレま〜す！

自室でもカラオケ個室でもいい、プライバシーが確保できる場所で一人になります。歩き回るとか、腕をぶん回すとか、怒りの腹筋するとか、まくらを投げるとか（ごめんまくら）風呂で水面を殴るとか（ごめん水面）できるだけ体を動かします。動かないで考えると、考えも動かないので。自傷・傷害・器物損壊にならない範囲で体を動かしつつ、一人でキレます、言い換えれば、感情を解放します。なんでうまくいかないの！　あいつがああ言ったから傷ついた！　こんなに頑張ったのに！　世界はゴミ箱！　パンパカパンツ‼　うわあああああああああ！！！！！！！！！！！！！！！！！

## （3）書き出す。

はい、出ましたか？

出ましたね～元気な感情ちゃんです！（パチパチ）

じゃあ今度はペンとノートを用意しま～す。スマホでもいいけどインターネットへの接続は切ります。でもやっぱペンとノートが考えるためには一番便利よね。一番好き勝手に書けるんだもん。で、（2）で出たことを、一通り出してスッキリした頭で書き出していきます。投稿者の方の場合だと、例えば、あくまで例えばですけど、こうなるかなあ。

・セクシュアルマイノリティについて知識を広めたい

なぜ？　↓地方に住んでいた頃、傷つくことが多かった

なぜ？　↓みんなわかってくれないからだと思う

なぜ？　↓そんな他人に興味ないのでは？

なぜ？　↓……

で、読み返して、今度はこうです。

自分の思うことを書き出し、それを自分で疑います。これって本当にそうなの？　なぜそうなったの？「自分はこう思う」を書き出したら、「なぜ自分はこう思うに至ったのか」を考えるのです。例えば「地方で辛かった」という自分の人生だけじゃなく、そういう自分含めた人類の歴史、社会の仕組み、時事的な出来事、周りの人たちの経験まで、広く知ろうとしながら。

## （4）知り、考える。

本を読みます。旅に出ます。人と話します。そして考えます。
例えば「地方で性差別を受けてつらい」場合、わたしが一通り休んで一通りキレた後に調べるのは以下のようなことです。

・なぜ「都会／地方」という区分ができたのか。
・なぜ「男はこう／女はこう」という区分ができたのか。

図書館に行って、小学館の『古代史の論点2 女と男、家と村』とか借りて読んで、地元の博物館に行って自分の地域の人が古代からどう生きてきたかを知って、自分に「女は25までに結婚しないと」とか言ってきたあの女がどういう人生を生きてきたかを知って、より広い視点から考えるわけです。「遠い星に行けば幸せになる」って思うんじゃなくて、自分自身が遠い星の視点に立って考えます。自分が自分だと思っているものに囚われないためにね。

投稿者の方が「セクマイ」と略して仰るその言い方も、わたしはしません。わたしが悩み苦しむ中で出会った「セクシュアルマイノリティ」という概念が、そもそも「性は男らしい男と女らしい女でワンセットなのが普通。そうじゃないやつらを数えると少数だ」ってルールを設定したやつらの視界に合わせて人を数え上げている表現だと歴史を学んで思ったからです。それを「セクマイ」とキャッチーに呼んでしまうと、ルール作ってるやつらのことを意識できないまま、「クラスに1人はセクマイがいます。セクマイを理解して」みたいな発想になっちゃうでしょ？ わたしはそれを疑い続ける。疑うとは、攻撃するということでなく、「本当にそうなのか？」と調べて考え続けるということです。

**「そこに行けばそれがある」と信じた。そして、裏切られた。**

ならば今度は、「どこに行けばそれがある？」って探し続けるのをやめることだと、わたしは思うのです。「生きやすい環境を作りたい」と願っていた投稿者の方は、上京前、本当は知っていたはずでしょう。

幸せは探すものではなく、作り出すものだって。

裏切られてよかったわ。裏切られていま、憧れから自由です。「憧」って字、どういう成り立ちかご存知？「心が童」って書くでしょ。「童」はもともと、イレズミを入れられて重りに足を取られた奴隷という意味。心が奴隷になっていたってことよ。（※お名前に「憧」の字が入っている方、失礼しました。人の名前の漢字は古来の意味ではなく、そう命名された方が込めた意味、何よりそこにご本人が見出す意味で取るものだと思います）

そこに行っても、それがなかった。信じたのに裏切られた。だからこそわたし、未来を信じるの。未来を信じられるだけの行動を自分で続けてるの。「どこに行けばいい？」とひとしきり嘆いたなら、考えましょ。賢くなりましょ。あるものを壊そうとする前によく調べましょ。自分を縛る縄は自分で解いて、さあ、作り出しましょ。「そこに行ったのになかったもの」を……ここから。

（2018年10月掲載）

## 夢女子です。愛されたい。だけど、私なんか好きになって欲しくない

他者が「これこそハッピーエンドやぞ」と押し付けてくる幸せのかたちに押し込まれずに生きるにあたって、オタクであることとって強みだと思ってるんですよ。ハッピー自給できるからね。妄想して、絵でも文でも自分で創作して。

だけどオタクカルチャーってオタクカルチャーという強酸性の沼を各地にぽこぽこしっかり形成しているので、特にインターネットオタクカルチャーに浸かっているといつの間にか自分の言葉を溶かして無くして溶け合ってしまう危険性もあるんですよね。10年前にみんな『銀魂』みたいなしゃべり方してた現象みたいな。「**ってオイィィィィ!!!!**」。

それはそれでいいんですよ。そうやって誰も彼もみんなオタクっぽいしゃべり方、〝一般人〟にはわからない（と思える）しゃべり方をすることで「すごい一体感を感じる」ことができるのもオタク文法の良さだからね。

だけど「根本的に自分なんか嫌いだし消えたい」感情がオタク文法を介して発せられている状態だと、マジで、こう、「オタクのみんなが使っている言葉をツイートすれば**自分もオタクという強酸性の液体に溶けて形をなくすことができるのでは**」**的自己消滅ムーブ**になるじゃん。それでは、なんて言うかな、せっかくのオタクとしての想像力とか創造力までも溶かしてしまうこと

になると思うんですよね。

今回ご紹介するのは「夢女子です。つまり、とあるキャラクターとの恋の夢を見続けています。が、こんな自分を好きになる推しなんて推しらしくない」みたいな、「自分の中で自分との解釈違いを起こしている」みたいなことになっている有様についてのおたよりです。レッツ解剖～。


初めまして。少し前、ふとTwitterで記事が目に留まってから、楽しく拝読しております。もしよろしければ、私の悩みも聞いていただけないでしょうか。好きなキャラクターに対する感情のあり方について、折り合いをつけたいのです。

私は新社会人です。中学生の頃から、もう10年ほどオタクをやっています。所謂自己投影型の夢女子というやつで、この三次元には概念としてしか存在しないキャラクターのことを恋愛的・性的に好きです。……だと思っていました、最初の数年くらいは。

今は、好きは好きでも単なる消費なのだと、思っています。自己肯定感の低さも相まって、常にふたり以上の自分が互いに戦っています。「私は◯◯のことが好きだしあわよくば◯◯も私を好きでいてくれれば嬉しい」「いやいや、こんな私を好きな◯◯なんて私の思う◯◯ではないから絶対に嫌だしそもそもそんなことはありえない」、こんな感じです。97%くらいは後者が勝ちます。キャラクター解釈なんて言えば聞こえはいいかもしれませんが、私が気持ちよくいるために我儘《わがまま》を押し付けているだけです。不健全で独り善がりで醜いと思います。

一方で、右でどうのこうの言ってるほとんどすべてを否定したい自分もいます。しかしやっぱり、また後者の自虐的・露悪的な自分が出てきて「そう思いたいだけじゃないの？」とか言ってきて、負けてしまいます。

もうずっと便宜上好きとは言うけれども時々好きと言うことにすら不安を感じる、というような状態です。なんとか、こんなことで悩まなくてよくなりたいのです。

一度、インターネットから離れた思想形成をしましょう。

お誘いします。

おたよりからお言葉を拾いますね。「感情」「夢女子」「概念」「消費」「自己肯定感」「解釈」……ものの見事にフルコンボでインターネットオタクワードじゃん。強酸性の沼に溶けていらっしゃる。

いや、いいんですよ。トレンディオタクワードを履修しておくことも、Twitterでしか話さない友達と話すときとか、Twitterでバズりやすい文法に合わせてツイートするときとか、「わたしは界隈の人間ですよ〜」感を出しながら誰かに話しかけるときとか、非常に有用だからね。共通語としてのオタク用語を履修しておくのは悪くないことです。

が。

**それ、あくまで共通語なんですよね。**

なんていうのかなあ、「自分の言葉はダサいし恥ずかしいし笑われる」って思い込みながら東京都区内の社会人言葉に合わせている状態に似てると思ってて。やっぱ、オタクのみんながしゃべってる「姉ムーブ！！！　クソデカ感情！！！！！」みたいな共通語でしゃべってる時って、コミュニケーションが取りやすくなる代わりに自分のソウルはこもらないんですよね。**自分が置き去りになってる状態なのに変に馴染めてしまう**から、どんどん、自分が何を考えているのかわからなくなっていく。

むしろ積極的に、「自分を置き去りにしたい」とすら考えているんじゃないかと思うんです。溶かしてしまいたいんだよね、きっと。自分を、沼に。わたしはねえ、わたしでなんかいたくない時に「わたしたち」をやっていましたよ。

**「〝わたし〟でなんかいたくない、から、〝わたしたち〟になりたがる」**

この感じ、たぶんあらゆる地下サブカルチャーコミュニティで似通ってるんじゃないかな。オタク。バンギャ。ドルヲタ。ヤンキー。ヒッピー。パンクス。語弊を恐れずにもっと言うと、各種陰謀論とか過激政治思想とかカルト宗教とかにも、こういう「**溶け込み消滅同一化願望**」とでも言うべき願いを奥底に澱《よど》ませた人たちがいるんだと思う。「〝わたし〟でなんかいたくない、から、〝わたしたち〟になりたがる」。消えたい。けど、消えるのは怖い。だから——溶け込みたい。オタクの言葉でしゃべりつづけて、**「わたし」をやめて、「オタク」になりたい。**

「感情」「夢女子」「概念」「消費」「自己肯定感」「解釈」「感情」

……なんかたぶんね、いいかげん10年オタクやって、あなたはたぶん、新しいあなたになってゆくのに十分なエネルギーをオタクカルチャーから吸収したんだと思うんですよ。あなたは、あなたがあなたに許せなかったことを、やっとあなた自身の力で許そうとしているんだと、わたしは思う。

あなたの中でせめぎあっている複数のあなたのうち、誰が、新しく生まれ出ようとしている子なのか。わたし、なんとなく感じる気がします。けどそれをわたし含め、あなたでない人間が言ったら野暮だよね。「そこにいるんでしょ！」って叫びながら強制帝王切開かますような真似だと思う。

だから、自分で生まれてください。

**自分を破って、自分で生まれてください。**

あなたにはそれができます。それをやる力を、オタク文化という胎盤が、あなたにくれているはずです。

何をすればいいか、言うことすら野暮かもしれませんが、わたしの思うことを言っておきますね。


創作です。

しかも、誰にも見せない創作です。

公開しないことです。


**「いいね」のために創らなくていい。**

だって承認される必要がないんだもの。それは、あなたが、あなたのためだけに見る、目覚めの時を迎える前の、一番最後の夢だから。

全ての欲望を許してください。あなたが、あなたに、全ての欲望を許すんです。その欲望はもしかして、特定の誰かにご開陳してしまったら暴力とか犯罪とか嫌われる原因とかになってしまいそうな何かかもしれない。それでも、それでも、見せないところで、あなたは、あなただけは、その欲望を許してください。それを実際にやってしまったら、他者に見せてしまったら、裁かれるのかもしれない。**けれど、あなたは、あなたの中のその世界でだけは、あなたを裁かずにいてください。**夢と呼ぶには暗すぎるのかもしれないその欲望を、混沌の中で裁かずに、ただ存在させてあげてください。

なんていうか、自分の中に溶かしておけばいいような自分の欲望すらも自分以外の人に承認されたがる人って増えてるよなあと思ってて。具体的に言うと、グラドルのTwitterに「あなたで抜きました」ってリプライするやつとか、推しにこんなふうに犯されたいみたいなことをツイートするやつとかな。**それをなんで他者に認めてもらおうとすんの?** って感じなんですよ、こっちからすると。それでグラドルとか同担とか、そもそも具体的対象に向けられたてめえの欲望垂れ流せる人間が怖いなって人間とかを静かに傷つけてないでさ、全然自己処理できることなんじゃないの、パスワードかけた文書ファイルの中とか非表示レイヤーに隠した描写とか浴室とか寝室とかで。

いろいろ考えたけど、それはやっぱりさ、通信手段が発達して、オンラインとオフラインの区別もなくなるくらいに情報網でつながれた世の中になったからだと思うんですよね。「人に見せないものはつくる意味がない!」、もっというと「まだ人と共有していないもの＝まだ存在していないもの」みたいな感じになっちゃって、内面世界が痩せていく。自分の中にあるものを自分で感じるということができない。おバズりワードでしゃべっているうち、自分の言葉をなくしてしまう。

だからね。

**見せないものを！！！　つくるんですよ！！！！！**

あなたはご自分の欲望について「これは単なる消費」とか「自己肯定感の低さ」とか書いていらっしゃいますけど、それ、あなたの言葉じゃないでしょ。繰り返します。あなたの言葉じゃないでしょ。じゃ、嘘です。捨てましょう。あなたはそんなこと、本当は思ってないです。そのように言っておけば、「私が悪いってことを私はわかってます、だから責めないで」ポーズができるだけです。

でもそれ、誰に言い訳してるんですか。あなたの欲望は、それを受け止めるつもりがない他者に対してビロンビロンご開陳しないかぎり、あなたの内面世界において自由でいられる。その欲望を、あなたは裁かなくていいんです。〝**不健全で独り善がりで醜い**〟**のは、欲望を承認されようと丸出しにしてしまう行為であって、欲望そのものではありません。**欲望を出す行為と、欲望とを分けて考えてください。で、内面で欲望を解放するんです。それが、「自分のためだけの創作」です。

承認されなくていい。誰にも伝わらないような、キーワードに反応して自動いいねするbotからの２ふぁぼくらいしかつかないような言葉でも、あなた自身の言葉で。あなただけがわかればいい。それがどんなに醜く思えても、あなたはあなたを責めなくていい。出してください。きれいに見せようとせずに、そのまま出してください……ただし、大切に、あなたの中だけで。

**「こんなことで悩まなくてよくなりたい」？**

どうかそれを、「こんなこと」だなんて矮小化しないでください。醜い、いびつな、ねじくれた、エグくてグロくて恥ずかしい……ように思える、それ。あなたの中のそれが、あなたに、言ってるんですよ。見て欲しいって。ちゃんと、見て欲しいって。

自分で見ることができないからって、人が見やすいように整えることは、歪めることです。あなたの中の、そのままではツイートできない、どんなに検索よけしてもネットには上げられないそれを、そのままで見てあげられるのは、あなたがあなただからこそですよ。そのキャラクター（とわたしが呼ぶその存在）が、ずっと、あなたに力をくれてきたでしょう。

（２０２０年10月掲載）

# 女子からいじめを受け、男なら謝れ！　と言われ、女性恐怖症です

「ずるいよね、女ばっかり守られて」【注21】

というタイトルのエッセイを、お送りしたことがあります。「女好き」を自称して女性に対する暴行に及んだ男性たちの話を取り上げ、「本当は女が憎いのでしょう？　女ばかりずるい、って思ってるでしょ？　どうしたら男とか女とかじゃなくて、人と人として向き合えるかしらね？」ということを考えようとしたお話です。

するると、読者の方々が、性別にまつわる経験談をたくさんお寄せくださいました。一つ一つ拝読しました。その中でも、読んでくださるあなたと一緒に考えたいご投稿を今日はご紹介します。

「女子からいじめを受け、先生に〝男なら謝れ〟と言われた」

……という男性の方からのご投稿です。対話形式でまいります。


牧村さんはじめまして、二十歳の鉄道&クルマヲタク（男）です。牧村さんの「ずるいよね、女ばっかり守られて」という記事を読んで、僕の身に起こった昔の出来事を思い出しました。

はじめまして。ぜひ、お話を聞かせてください。

かつて大阪から埼玉県に引っ越して住んでいた時、小4から中2（埼玉県に住んでいた時期）にかけていじめられていました。今は大阪に住んでいるので当時いじめてきた奴らに会うことはないですが、主に女子にいじめられたせいで、女性恐怖症になりました。

大人になっても女性恐怖症という形で残るレベルの痛みを、5年間、受け続けたのですね。お引越しでその学校を離れるまで、いじめは止まらなかった、と。その学校の先生は、この問題をご存知でいらした？

もちろん当時先生に相談したこともありましたが、先生には「男が女にいじめられてどうする。お前が女にいじめられるのはお前が周りとあわせて学校生活を送らないからだ」というようなことを言われました。

!?

？？？？？？？？？？？？？？？？？？？？？

その後もいじめが続くのですが、ある日の授業である女子とトラブルになりました。その女子生徒が生徒会の人間で、対応に当たった女性教師が「とにかく男なんだからここはおとなしく謝りなさい。社会に出て男女トラブルにあったらなんでもかんでも男が悪者になるんだからね」と説教されてしまいました。

‼

！！！！！！！！！！！！！！！

その女子生徒は小学校の時から男女含めて多くの生徒から厚い信頼があったため、これによりさらに多くの女子生徒から嫌われ、今でもその時の後遺症が色濃く残っています。

あーなんか、味方増やして数で殴るのばっかり上手い人っていますよね……。うう。そんな腐敗政治家みたいなやつとかテンプレ性差別教師とかから、あなたはお引越しで物理的に離れた。中2（14歳）の時だった。で、6年経って、20歳になられた。わたしは、よかった、と思いましたけれど、あなたはいかがお過ごしでいらっしゃるの。

大阪の男女はとても仲が良い印象で、できれば昔のように遊んでみたいなと思うときもあるのですが、なかなか周りに悩みを相談できません。埼玉県に引っ越す前は女の子ともほとんど毎日遊んでいたのに、今は自分から女性に話しかけるのはほぼ不可能な状態です。相談できるのは当時一緒にいじめられた埼玉の数少ない親友ですが、めったに会わないのでなかなか話し合う機会もありません。とにかく少しでも女性恐怖症を治したいのですが、何かいい方法がありましたら連載で取りあげてくれたら嬉しいです。まとまりのない文章で申し訳ありませんがよろしくお願いいたします。

まあ、こんな、胸のうちの深いところのお話を、女性であるわたしと、女性も含まれるであろう読者さんたちに、してくださったのね。ご投稿、しっかり拝読しました。

ご投稿掲載にあたり、「大阪」「埼玉」という地名を伏せるかどうか迷ったのですが、載せることにしました。やはり「大阪」「埼玉」というそれぞれの土地の特色を踏まえることは、このお話を考えるにあたり、必要なことだと思ったからです。

女にいじめられ、「男のくせに」「男なら謝れ」と言われた、投稿者の方の身に起こったことは、あきらかに理不尽です。そういう理不尽さ、人生の苦しみから、引越しで逃れるのも一つの手ですが、それができない時、それをしても痛みが癒えない時、どうするか。

**わたしがとっているのは、「在宅大旅行」という方法です**（**いま命名した**）。

苦しい時って、閉じ込められてる時なのね。元気を奪われ、自分と自分の身の回りしか見えなくなる。そこから、体が出られなくてもいい、心だけは大旅行するんです。なぜこういうことが起こってるのか。時代をさかのぼり、視点を高くして、**自分から幽体離脱するみたいに自由に考えるんです**。

さて、在宅大旅行、今からやってみましょうか。

あなたの痛みがある街、埼玉。そこからいま、想像の中で、鳥のように飛び上がってみましょう。クルマや電車がお好きならそれに乗ってもいい。空飛ぶ大阪モノレールから、東に飛んで見下ろすと、何が見えますか？　Google Mapを開いて一緒に見てみてください。

埼玉。右上に栃木、左上に群馬ですね。

北関東のこの三県には、性別にまつわる、ある共通点があります。

何だと思いますか？

ちょっと検索してみてください。「**北関東　男女**」とかで。

「栃木はなぜ公立校の男女別学が多い？」「北関東には男女別学の公立高校がまだ残っています」マイナビ進学ニュースの、こんな記事が出てきました。

これには、こんなことが書いてあります。戦後GHQが公立学校の男女共学化を進めた、けれども北関東三県は伝統の名門男子校・女子校が多く、共学化反対の声があがり、いまも男女別学が多い……。

となると、想像が広がりますよね。「男なら謝れ！」とか言ってたあの女性教師が、「男なのに女にいじめられるなんて」とか言ってたあの男性教師が、どういう教育を受け、どういう子供時代を過ごして、どういう保護者のみなさまの声（無難な言い方）を受けて、そういう発言に至ったのか。

だからといってその教師の発言が正当化されるわけでは全くないですし、「なぜそんなことを言ったか」というのは本人に聞かない限りわからないですが、本人とは話したくないと思うので、じゃあもっと時代を巻き戻してみましょうか。

はい。こちらの阪急電鉄、タイムトラベルが可能になっております〜。

バビューン。

過去に戻って考えてみましょう。なぜ北関東三県は男女別教育を守ったのか？

埼玉、栃木、群馬。他に共通点ある？

わたし思うんだけど、海、なくない？

わたしはね、黒船が来た海の街、神奈川出身でね。じいちゃんは漁村育ちで、生前、よく地引き網の思い出を聞かせてくれたのね。地引き網ってめっちゃ、でかいわけ。男も、女も、大人も、子供も、体が動く人は全員浜辺に出て、よいしょ、よいしょって網を引かないと、食べていけないわけ。男女共同参画、どころか、**老若男女共同参画イワシ漁**の社会を生きてきて、戦後ボコスカ米軍基地できて、ガンガンGHQ来て、「民主化シテクダサ〜イ」って共学化された公立高校にわたしは通ったわけ（元ネタを知りたい人は「ペリー　FLASH」で検索してね）。

でも、北関東はそうじゃなかったんじゃないかしらね、きっと。山だし、地引網引かないでしょ？　あ、もっとググったら「占領期アーカイブス　日本における男女共学論の歴史と背景」って記事も出て来たわ。

わ〜。

**……ってとこで、在宅大旅行のお試し版をおわります。**

でももっとやったら、もっと見聞広まるわけよ。大阪の歴史とか、自分が教育を受けた当時の埼玉で政治家がジェンダーについて何を言ってたかとか、埼玉にいる親友が目撃していた意外な事実とか、少しずつ、知っていけるわけよ。生きること。それは、知ることなのよ！

こうやって知ろうとして、考えてね、総合すると、あることがわかるんです。それはね、およそ人間が、ってか生命が起こすあらゆることは、本当に、生きるため、マジで生きるため、必死に生きるためにやってることだ、っていうことです。

この話を埼玉ディスみたいにはしたくなくて、いじめは間違ってるけど埼玉は間違いじゃなくて、たぶん、男女別学にしながら「男なら強くあれ」みたいなジェンダー観を守ったことも、生きるため、だったのよ。それは結果的にあなたを傷つけたんだけれども、それが正当化されることはないんだけれども、**「傷つけるため」じゃなくて「生きるため」だった、**そう思えば、なんか、ほどけていく気がしませんか。消化しやすくなる気がしませんか。

**あなたが、女性を怖いと思う。女性に話しかけられないと思う。それもまた、あなたが生きるために起こってることなんです。**わたしも以前、アラブ系男性にひどい目にあわされたことがあり（コミックエッセイ『同居人の美少女がレズビアンだった件。』書籍版に出てきます）、それ以降アラブ系男性に見える人がいると恐怖で体が固まってしまう、という経験をしました。特にムスリム／マグレブ差別が問題になっていた頃だったので、わたしも差別主義者みたい！　って悲しく苦しくなっていたんですが、在宅大旅行して気づいたんですよね。**あ、これ生きるためじゃん、**って。一度ひどい目にあったから、次からは危険を避けるために、本能的に避けるようにプログラムができてる。たとえが適切かわからないけどネズミがヘビから逃げるような自己防衛本能がインストールされたんだ、って思ったら、楽になったんです。**わたし、生きたいんじゃん。**なんだ、早く言ってよ〜、わたし〜。って思って。

攻撃する人は、何かに傷ついている。何かを守ろうとしている。

およそ人間が、生命が引き起こすことは、生きるためのことである。

苦しい時、人は閉じ込められている。想像の中で空飛んで、在宅大旅行して調べ物すると新しい道が開ける。


……っていうのが、わたしの意見です。あなたは、どう思いますか。わたし女性だけど、あなたと一緒に考えられて嬉しかった。これからもしばらくは女性恐怖を感じることがあるかもしれませんが、それは、あなたが生きるためのことです。そしてそれを乗り越えたいと思うなら……性別の枠組みから、つらかった過去から自由になって、女性に見える人とも「**あなたとわたし**」として向き合いたいと思うなら、きっと乗り越えられます。生きてる限りは、続くのだもの。どんなに在宅大旅行しても全部は知ることができないくらい広い世界が。宇宙が。その中で成長し、変わっていく、生命が。

あなたがいつか、同じようにクルマヲタク・電車ヲタクコミュニティで性別にまつわる息苦しさを抱えているかもしれない誰かと、例えばいちいち「鉄道女子」とか言われることに疲れているかもしれない誰かと、ただ、楽しい話ができますように。ただ、重ねていけますように。枠組みにははまりきらないはずの、「あなたとわたし」のお話を。


（２０１８年10月掲載）

# 「恵まれてるあいつらに、自分たち当事者の気持ちはわからない」感の話

「みんなにはわかってもらえない自分」を、やっとわかってくれる人たちに会えた！

……っていう感じ、あなたはどこかで、味わったことがあるでしょうか。

いろいろあると思います。

趣味のサークル。何かの自助会。何かの当事者交流会。

オタク。鉄道。歴史。音楽。出自。宗教。ＬＧＢＴ。

**「みんなと違う自分」の孤独感が、「やっと仲間に会えた」という一体感になる。**自分を理解してくれる人に出会えて、安心しますね。とてもいいと思います。わたしもそうしてます。そうしたいから、気をつけてることがあります。

それは、自分がお城にこもって外を攻撃していないか振り返ること、です。

「みんなは楽してるのに自分たちだけ苦しいよね!?」

「みんな敵！　自分たちだけがわかってる!!」

という、「理解されない苦しい自分たち」の城に立てこもって外側を攻撃する状態になっていないか？　それは本当の本当に、〝自分〟にとって、本当に快適なのか？　〝自分たち〟はいっぺんおいといてもいい、**〝自分〟にとって、本当に快適なのか？**　って、振り返ることです。

「みんなと違う自分の孤独感」が、

「やっと仲間に会えた」と癒された。


……はずなのに、「自分たち仲間以外はみんな敵」に思えてきた。

わたしはこの状態を、**「エルサの城状態」**と呼びます。ディズニー映画「アナと雪の女王」に登場する、エルサ。彼女は〝他のみんなと違って〟魔法の力があったため、傷つけることを恐れ、傷つけられることを恐れ、魔法の城で自分を守り、守るために攻撃を始めます。同じように魔法の力で作り出した、巨大な雪男を使って。

この「エルサの城状態」にある人たちに「出ておいでよ！　外は楽しいよ〜！」しながらドアをどんどん叩くことを、わたしはしません。**押し付けはしませんが、問いかけはします。**自分自身に対しても、わたしの書くものを選んで読んでくださる読者さんに対しても、問いかけます。単純に「出る」ことにとどまらない、本当の自由のために。「そもそもなんで魔法が使えないほうが〝普通〟なの？　あなたを城に閉じ込めているものは、本当は、何なの？」って。


**「綺麗事で返すのはやめてください」というご意見**

さて、以前、「自分はノンセクかもしれないが、気持ちの整理がつかない」という趣旨のご相談を取りあげたことがあります。【注22】ノンセクとは「ノンセクシュアリティ」の略で、「他者に恋愛感情は抱くけど性的欲望の対象とはしない」というあり方を指す和製英語です。その相談に対して、わたしがお答えしたのは大体、こういう内容です。

「ノンセクという言葉が生まれたのにはこういう経緯がある。あなたはそれを身につけることを選んでもいいけど、選ばなくてもいい。〝ノンセクのわたしとそうでないあなた〟でもいいけど、本当はただ〝わたしとあなた〟だ。そこに生まれ育つ関係性を、世間一般と違ってもいい、オリジナルの意味を込めて、愛、と呼んでも良いのではないか」

これに対して、この回の投稿者とは別の方からこのようなご意見をいただきました。

ノンセクの女です。

意見と言いますかモヤっとしたので送らせていただきます。

相手と向き合ってというのはあまりに的を外れていると感じます。セクシャリティを代表して言うわけではありませんが、ノンセクのオフ会やSNSでの交流を通じて感じることは皆それぞれ他人との関係を通じて違和感を感じ、ノンセクに辿り着いているということです。

セックスができない人間はどうしたって生きづらい。だから自分を責めがちになるんです。そこに追い打ちをかけないでください。またこれは理想論で解決できるものではないし、そんなアドバイスを説かれたって、持てる者が高みからなにか「ありがたいお言葉」をかけてるなぁぐらいにしか思えないのです。だって性愛者の皆さんはアドバイスはくれても、結局非性愛者と一生セックスなしでは生きてくれないじゃないですか。

綺麗事で返すのはやめてください。本当に理解できないならそれでもいい。でもそうなら相談に乗らないで欲しいです。

それぞれ見方が違いますね。

前者の、「あなたとわたし」って言ってる牧村朝子さんことわたしは、関係主義的な見方をしている。

後者の、「性愛者と非性愛者」って今回ご投稿くださった方は、本質主義的な見方をしているんですね。

**関係主義、本質主義とはなにか**

話を聞かずに上から目線で解説してるみたいだな自分、って思うんですけど、違いを踏まえて話を進めるために、解説させてくださいね。わたし個人はこれらの言葉を、それぞれ次のように整理しています。

**●関係主義……**「この社会においてこの言葉で○○と呼ばれる、この人のあり方、関係性」

**・同性愛を例にするなら**「Aさんという人がいる。Bさんという人もいる。ふたりは同性同士で、恋愛関係にある」

**・ノンセクを例にするなら**「AさんとBさんの間には直接の関わりがある。AさんはBさんへの気持ちを恋愛感情と呼んでいる。性欲の対象にはしていない。AさんはBさんと非性愛的な関係だ」

・**社会問題を例にするなら**　「他人の困りごとは、自分の属する社会の困りごとでもある。他人の困りごとはわたしにも関係があるのだから、同じ社会を構成するものとして、解決を求めたい」

●**本質主義**……「生まれつきの○○として生きてきた、この人」

・**同性愛を例にするなら**　「Aさんは同性愛者だ。同じく同性愛者である、Bさんという恋人がいる」

・**ノンセクを例にするなら**　「Aさんはノンセクであり、Bさんはノンセクではない。世間一般にはノンセクは少ないので、AさんとBさんの関係性においては、ノンセクのAさんのほうが理解されづらいし、改善を求められやすい。」

・**社会問題を例にするなら**　「ある社会問題については当事者と非当事者がおり、当事者の苦しみは当事者でないとわからない。非当事者はあくまで、応援する立場である」

どちらが良いって話ではないです。「打ち上げ花火、横から見るか？　下から見るか？」ってだけの、どこに立って物事を見るかっていうフラットな話なので（わたしやっぱ言ってることが関係主義的だね）。

だから「あなたは本質主義者ね。わたしは関係主義者なの」という、本質主義的な物言いは、しません。誰かが本質主義的にわたしを「性愛者」と位置付けたとしたら、わたしは、関係主義的に……攻撃の意図なく、ただ、あなたとわたしとの関係において、わたしから見えているものとあなたから見えているものをできる限り共有するために、問い返します。あえて敬語ではなく、敬意を込めて同級生に話しかける口調で書きますね。

**「あなたにとって〝性愛〟って何？」**

**「わたしは女性が好きな女性で、わたしと彼女がベッドの中で裸で抱き合うことを〝挿入するものが付いてないいんだからセックスもできないじゃん〟って言われたこともあるんだよね。それでわたしは、セックスを何のことだと思うかは人によって違うんだなあって思ったんだけど、あなたにとっては、その人もわたしも同じ、その、『性愛者』ってやつに見えるの？　だとしたら、あなたはどこで線を引いているの？　裸であるかどうか？　その行為をその人がセックスと呼んでいるかどうか？」**

**「あなたはこう言ったね。『性愛者の皆さんはアドバイスはくれても、結局非性愛者と一生セックスなしでは生きてくれないじゃないですか』。なぜそう思うの？　何があったの？」**

少し、なぜわたしが本質主義的視点とは別に関係主義的視点を持つようになったか、という話をします。

初めは、やってたんですよ。大学生の時。ＬＧＢＴ勉強会に参加して論文を読み、「やっと仲間に会えた」と思った。当時のわたしは女性に初恋したけれど、治さないといけないと思って男性とお付き合いしていました。だから、自分がレズビアンなのかどうかわからなかった。だからこそ、レズビアンですって胸張ってる先輩がカッコよく思えた。

ところがここでこんな発言を聞いてしまうんですね。

**「ウチらの苦しみはどうせバカノンケどもにはわからないよ（笑）」**

えっ？　と思って。

エルサの城の出口まで押し戻された気がした。「男と付き合ってるお前は、片足、外側に出してるだろ？」って。「忠誠を示せ、お前はバカノンケとは違うよな？　城の一員として認められたければ一緒にバカノンケを笑え、城の外を攻撃しろ」って。その勉強会で読んでた論文、ほぼアメリカのやつなんだよね。「日本は遅れてる！」「ノンケはバカ！」って言いながら、カタカナの言葉を身にまとう人たち。

このしばらく後、ノンセクという言葉も生まれてきてて。日本生まれのカタカナ英語で「ノンセクシャル」、漢字では「非性愛」と言ってました。けどこれを、「俗語」「文献がない」ということでWikipediaから削除してしまった人たちがいたんだよね。

確かにWikipediaの運営方針としては、出典に基づいて書かなければいけないルールだし、削除した人ものちに謝罪してるんだけど。でも、実際にこの言葉で生きてる人がいるのにな、あんまりだな、じゃあわたしが調査して、ノンセクという言葉を含む文献を書こうということで、他にもいろんな用語を取り入れつつ用語集をつけて書いたのが『ゲイカップルに萌えたら迷惑ですか？　聞きたい！　けど聞けない！　ＬＧＢＴｓのこと』という本でした（新書なのでカジュアルなタイトル）。

**わたしたちを分断したものは何？**

さて。

この一連の、

「バカノンケ」

「日本は遅れてる」

「文献ないから非性愛（ノンセク）削除」

トリプルコンボの後、やっぱ、すごい考え込んじゃって。

**一体何が、わたしたちを分断したんだろう？**

「普通で一般的だから苦労してないノンケたちと、苦しめられるセクシュアルマイノリティたち」って世界観。

「セクシュアルマイノリティたちについて理解が進んでいる欧米と、遅れている中で一生懸命アメリカの論文を読む日本」って世界観。

「日本ローカルのノンセク／非性愛という概念が生まれたけど、みんなアメリカの最新理論を追うばかり、日本生まれの言葉であるノンセクについて、誰も日本語論文や文献を書いてなかった」って状態だった2013年……。

わたしなりにさかのぼった結果、**やっぱね、根本的には明治維新だったんですよ。**えっ急に何言ってんの？　って思われるかもしんないですけど、順を追って説明すると、こういうこと。

・明治時代に恋愛という概念が輸入された。
・恋愛という言葉とともに、次のような、いわゆるロマンチックラブイデオロギーが広まった。

　恋愛→結婚→家族＝ピュアで人間らしくて正しい愛
　単なる性欲＝不純で動物的で汚いもの

　これにより、江戸時代まで「色」の一言で表現されていたものが「恋愛」と「性欲」のふたつに切り離され、「性欲」が汚いものとされた。

・続いて大正から、いわゆる通俗性欲学ブーム。「性欲について、男は肉欲的／女はいつも受け身」「恋愛は女にとっての生命であるが、男にとっては慰安に過ぎない」とか書かれてる本が爆売れする（『変態性慾心理』クラフト＝エービング著　松戸淳訳　紫書房　P.20〜21）。性欲のない男性、性欲のある女性が否定される。
・平成に欧米（っていうかほぼ米。アメリカ）由来のLGBTをめぐる社会理論が輸入された。これを下敷きに「恋愛的指向（romantic orientation）」「性的指向（sexual orientation）」という日本語も誕生。アメリカの社会運動をなぞり、「LGBTは人口の○％もいるから政治経済的に無視できない存在ですよ」という戦略をとる。こうして、「それぞれの個人がそれぞれの指向を持つ」「人口の○％がLGBTとして生まれつく」という、本質主義的な捉え方が定着した。


「アメリカは進んでる」。

「恋愛と性欲は別」。

「男は肉欲、女は受け身」。

「恋愛はきれい、性欲は汚い」。

「人間の性別は男か女かだ」。

「人間の性は生まれつき本質的に定まっている」。

こういう声が重なった先の日本語世界で、「ノンセク」って言葉はね。

性欲がないことで否定された男性（とされた人たち）の、
性欲を女に受け止めてもらった経験のないものは敗者だとか一人前の男じゃないとか笑われて焦って自分よりも力の弱い女に金や腕力や社会的権力をもって性的な行為や性的な冗談（のつもりのもの）をやってしまう男性たちに疲れ果てた女性（とされた人たち）の、
ロマンチックラブイデオロギーのもと、「みんないつか恋愛して結婚してセックスして子供産んで家族を作るんだよねッ★」って信じ込まされている、国家運営や経済の都合で信じ込まされているわたしたちの、
サバイバルの呪文なんですよ。

よくぞ作り上げた。英語の力をうまいこと借りて新しい言葉を生む日本語話者、本当クリエイティブだと思う。

## 自由になりたかっただけのはずなのに

でもこの呪文を攻撃に使って、城建てて閉じこもってね、「外側はみんな敵だ！」「どうせあなたたち性愛者は非性愛者のわたしを理解してくれないんでしょ！　上から目線でアドバイスするばかりでしょ！　一生一緒には生きてくれないんでしょ！」って、エルサの城から叫ぶ人がいるなら、わたしはね、明治に思いを馳せますよ。恋愛と性欲を分けたのは実はわたしじゃないじゃん。人間の性のあり方は生まれつき定められている、本質主義が正しい、って言ったのは、実は、わたしじゃないじゃん。

「セックスができない」？

「同性しか愛せない」？

わたしにわたしのことを否定形で語らせるものはなにものだ。わたしたちをあちらとこちらとに分断する、この力は、一体どこからきているものだ。

もう一度問いかけますね。

「そもそもなんでそれが〝普通〟なの？　あなたが〝内側〟に立ってわたしを〝外側〟とみなす、この見方をあなたにさせているのは、本当は、何なの？」

ノンセクという言葉を……ノンセクに限らず、何らかの「まとまる言葉」を、サバイバル呪文として使えているならいいんですよ。ただ、その外側がすべて敵に見えるなら。「わたしは自由！」と歌いながらも、エルサの城に閉じこもるなら。わたしは、諦めそうになります。何を言っても「敵が否定してくる」にしか聞こえないんだろうな、って。でも、諦められないんです。わたしたちには、言葉があるから。

届かないかもしれない言葉を重ねながら、わたしは、思い出します。恋愛。セックス。性的指向。いまある種の〝普通〟になってしまっている考え方を欧米から輸入して日本語に入れた明治人も平成人も、本当は、自由になりたかった……例えば、親が結婚相手決めちゃう系のイエ制度とか、そういうものから自由になりたかっただけのはずなんだ、ってことを。

その言葉はもともと、恵まれてるように見える外側のやつらを攻撃して城に引きこもるためのものじゃない。自分を内側に閉じ込める壁に風穴をブチ開けて呼吸するために、外側から材料を調達して作り上げた、攻撃じゃなくて開拓のためのダイナマイトだったはずだ、って、ことを。

（２０１９年11月掲載）

# 性のことを話せる相手がほとんどいないことが悩みです

今回は「お金さえあれば、レズ風俗を利用しまくることができれば、性のこともっと話せるのになぁ。どこに行って誰となら女は安全に性の話ができるの？」っていうおたよりにお返事を書きます。まずは、おたよりからです。

気圧にやられやすいタイプのたぶんバイセクシャルな独身貴族リーマンです。昔ある日、例のレズ風俗レポ漫画を見たのを機に時々レズ風俗を利用するようになりました。

それを機にはじめて同性間の性行為をしましたが、サービスが良かったおかげもあって、「セックスはコミュニケーションの一つである」と実感したり、「自分は性欲と恋愛欲は別であるタイプ」と認識したりすることができたのです。

しかしその一方で、日頃性やセックスのことを話せる相手や人がほとんどいないことが悩みとして芽生えています。考えられる理由としては、

そもそも女性が性全体のことを気軽であれ真摯であれ考え語る場が限られていると感じているから。そもそも性のこと自体がデリケートなテーマなので話し合いやすい人を見つけるのが難しいから。女性が風俗をはじめ性サービスを利用するということが少数派なのではな

いか。

思いつく限りはこんな感じです。

性について気軽に話せる友人は1人だけいるのですが、その人は家庭のことがあり、電話等で話す時間も限られてしまうため、どうしたら良いのだろうかと頭を抱えています。

理想的には「目玉焼きに何かける?」「えっ君はメープルシロップ派なの？ 面白そう!」な感じで話せる人がいたらなと思うのですが、これは高望みでしょうか?

牧村さんは、女性が性について語り考えることについてどう思いますか？ そんな場をご存知ですか？ そして、探したり見つけたことがあれば、どのように探しましたでしょうか？ お忙しい中恐縮ですが、回答をいただけたら幸いです。

ちなみに異性との行為は何度か経験したことあるのですが、運悪く「自分の息子ファースト」な人にあたることが多く、勉強にはなったのですが当分の間関わること自体お断りな状態です。

私が石油王や高額くじ当選者であればレズ風俗をひたすら利用することでだいたい問題解決しそうなのですが平凡な民なのでそれは叶わないのです。


「セックスはコミュニケーションの一つ」

そう言いながら、誰よりあなたが、性と人間とを切り離しているのだと思いました。

すみません、今からまず言うことは単なるド正論に聞こえると思います。が、正論だけでは済ませないつもりです。というわけで、前置きとしての正論を申し上げますね。

「セックスのことを話せる相手がほとんどいない」、じゃ、なくて。「人と関わっていく。人とわかり合っていく。その先に、セックスのことも話せるような関係性が育っていく」っていう順番のはずです。

「私のしたい話ができる場はどこにありますか？」、じゃ、なくて。「まず自分が自分を受け入れる。その先に他者と、強要しない／されない、他言しない／されない、優劣をつけない／つけられない一対一の信頼関係を築いていく。そうやって、セックスのことも含め、なんでも話せるような関係性が育っていく」っていう順番のはずなんです。

はい。以上、前置きとしての正論でした。

が、正しいことを正しそうな顔でやれるのは、大体において、あらかじめ強いやつです。人間関係の構築に時間と気力をかけることができるやつです。

それはそうなんですが、そうだからと言って、「強くて余裕がある人が正しいことをできるんでしょう？　私にはできない」なんて泣き続けてたら進めない。なので気が済むだけ泣いたら、ちょっと状況を見て、それから先を見据えるってことをやっていきたいと思います。

では状況確認です。ご投稿文を拝読して思ったのですが、もしかして……

「面白く書かなくちゃ」ってお気持ちがおありでしたか？

なんだか、「サービスしなきゃって思ってそうだな」という感想をわたしは抱きました。「石油王、とか書いてオチをつけなきゃ」みたいな。そうやって「サービスしなきゃ」って思いながら人と接していらっしゃるがゆえに、人間関係が、「自分に合うサービス提供者を探す」という感じになっているのではとお見受けします。

「サービスしなきゃ」って圧を自分にかけている。自分に合うサービス提供者を求めてしまう。

人間関係が「わかりあい」じゃなくて「サービスのしあい」になる。こういう状況を、おたよりの中の、次のふたつの例に感じました。

（1）ご友人
「性について気軽に話せる友人は1人だけいるのですが、その人は家庭のことがあり、電話等で話す時間も限られてしまう」

↓まるで、お店の営業時間か何かをおっしゃるようですね。「あの子、話せる時間限られてるから、したい話できないんだよね〜」って。

（2）〝異性〟
「異性との行為は何度か経験したことあるのですが、運悪く『自分の息子ファースト』な人にあたることが多く」

↓これも、お店選びみたいですよね。「イタリアンには何軒か行ったのですが、私好みでない接客の店にあたることが多く」みたいな。


何だか、「わかりあおうとすることを避けながら、わかってくれる人を求めている」ように見えるんです。例えばあなたのおっしゃる「自分の息子ファースト」な人々にも、それぞれ、そういうセックスをするに至ったそれまでの人生の道があります。強制は性暴力なので論外ですし、もう会いたくないなら仕方ありません。ですが、一方的サービスではなく、双方的コミュニケーションとしてのセックスを楽しむならば、ひとりひとり違うはずの人を分類の箱に片付けず、その人個人がなぜそうなのかを知ろうとし続けることだとわたしは思うのです。例えば「自分の息子ファーストなのかと思ったけど、この人は実は〝小さいし早いから速攻で頑張らないと女性に好かれない〟って自分で思い込んで疲れ果てちゃう人だったんだ」みたいな。

人と関わるということ。
わかり合おうとするということ。
自分自身のことだって、既存の言葉でわかった気にならないこと。

男／女、性／恋愛を切り分ける価値観で説明しきれないことはままあります。あなたはおそらく、「性欲と恋愛が別なタイプ」と言うことでご自分を守っておられるのではありませんか。人と人が性行為を伴って関わることを「恋愛」と呼ばれたがゆえに、そしてそこで「自分の息子ファースト」な振る舞いに傷ついたがゆえに、その先の関わりを断ち、性行為を伴って人と関わり続けることを信じられなくなり、寂しいお気持ちでいるのではないでしょうか。

傷ついた人が傷つけてきた人と同じことをするようになってしまうことはままあります。

わたしはこれを、「カラマーゾフ現象」と呼びたいです。ドストエフスキーの『カラマーゾフの兄弟』みたいに。「自分を力で押さえつけてきた、強欲で横暴なあいつが憎い。あいつみたいになりたくない」。というわけで人間は、自由を求め、自分を傷つけた人間と闘います。見下す、反論する、従順を装う、関係を断つ、解釈の中に押し込める、などの方法で。

しかしその先で人間は、他ならぬ自分自身の中に、自分を傷つけた〝あいつ〟を見るのです。あいつみたいになりたくないのに。あいつみたいになりたくないのに。気づいたら今度は、自分が人を押さえつけている。自分が、あの時のあいつみたいな顔をしている……。

この「カラマーゾフ現象」を性風俗サービス店で起こす人は、性別問わず本当に後を絶ちません。人間が、性風俗サービス店のことを、「お金さえ払えば存在を受容される」場だと思ってしまうので。

特にレズ風俗は煮詰まりがちなんです。女性の性欲が抑圧されて来たがゆえに、レズ風俗のお客さんって、例えば「あの子のフィンガーテクすごいからまた指名したい！」みたいにスッキリできるまではずいぶんグツグツ煮えたぎります。レズ風俗に来てまで性欲を抑圧している。性的快感に導く技術でなく、存在そのものに課金してしまうんです。「お金払うのでわたしを受け入れて」って。ですがもちろん、お金で存在のやりとりはできないわけですよね。なのでいつまでも満たされずに、内なる怒りを溜めてこじれていってしまう。「わたしが一番応援してるのに報われない。他のお客さんたちに腹が立ちます！」とか、「全部演技なんでしょ⁉」とかね。

こういう「技術でなく、存在に課金してしまう」お客さん、本当にね、古来からずっと一緒です。「相手を性風俗サービスのプロと見て、技術に敬意を持って代金を払う」ということができない。例えば、名前は伏せますが某文豪について、ある遊女は要約するとこんなことを言っています。「ロングで入ってベッドインせずに〝僕だけは他のお客さんと違って清純なのです、あなたの心の痛みを僕に聞かせてください〟みたいな顔をして延々と身の上話させようとしてくる客が一番困る。こっちはプロとして接客してるんだからプライベートに立ち入ってくんな」

キレイに遊べる、粋な客。そういうものに、私はなりたい。

（※今のは宮沢賢治パロディですが、その前に挙げた例は宮沢賢治の話ではないです）

まとめます。

人間同士として関わると決めたなら、性のこと以外も含め、全人的に関わる。「セックスのことを話せる相手がほとんどいない」、じゃ、なくて。「人と関わっていく。人とわかり合っていく。その先に、セックスのことも話せるような関係性が育っていく」っていう順番なんです。

逆に、店員と客の関係でいると決めたなら、踏み込まない。プロとしての立場と技術を尊重する。確かに、女性が性的主体性を持てる場が少ないのは事実です。けれど、作ってきたのです。わたしは作ってます。ここで作ってます。周りの人と、関わることで。

【さらに考えるために、今回のおすすめ本】

●『さびしすぎてレズ風俗に行きましたレポ』永田カビ　イースト・プレス

さびしさが満たされる感じをインスタントに提供しない、ガチでプロのレズ風俗サービスを受けた先で、著者がひとり孤独と向き合う過程に生まれた名作エッセイ漫画。

●『性と国家』北原みのり・佐藤優対談　河出書房新社
「性的に抑圧されているのは、女性だからだ」から一歩進み、「なぜ／何によって個人の性が抑圧されたのか」を考える本。人にお金を払って性的サービスを受ける、ということについても改めて考える機会になる。

●『ヴァギナ・モノローグ』イヴ・エンスラー著　岸本佐知子訳　白水社
「女性たちよ、あなたたちの性器の名をはっきりと口にしよう。そしてそれについて考えよう。」１９９６年初演、２００人以上の人々が自分のヴァギナ（と呼ばれる器官）について語ったことから生まれ、以降世界数十カ国で対話を呼び起こし続けている名作戯曲をもとに書き起こした一冊。初潮、陰毛、呼称、〝所有権〟、セックスワーク、オーガスム、あらゆるテーマで響き合う。

●『日本人の歴史４　性と日本人』樋口清之　講談社
いま日本列島と呼ばれる場において、日本語とされる言語で語られてきた性を、地域も時代も縦横無尽に語る歴史書。巻末、著者が日本各地から集めた「男性器／女性器／性行為にまつわる隠語集」は圧巻。男性器をかつて「きたなきもの」と呼んでいた事実と合わせて、この本で語られる歴史を考えると、抑圧構造が「する／される」の単純な二分ではないことがよくわかる。

（２０２１年４月掲載）

## こんな寂しさ、破滅的。ハッピーエンドに殺されたい

「姫と王子が結婚して幸せに暮らしてこそハッピーエンドだよ」っていう物語に人生押し込められたくねえな、と申し上げている cakes 連載、「ハッピーエンドに殺されない」なのですが。

特にコロナ以降、「自分を貫くのに疲れました。結婚したい。」というようなご相談が複数寄せられております。

しかしながら実際問題、「男は年収　女は若さ」みたいな異性愛繁殖場文化《ドヘテロ・ブリーディング・カルチャー》（今ここで思いついたからググっても出てこないやつ）が無理すぎるがゆえに異性婚しようとしてなかった人が生活の不安で異性婚しようとした結果、「えっ、趣味、競馬なんですかあ？」「もう少しふんわりしたメイクのほうが……」みてえなひでえ目に合わされて「ヘテロ文化無理すぎて無理」ってキレているのに引き続きシングルな生活は不安。っていう、いわばヘテロ・オア・デッド状態でゾンビ化している方々を多くお見受けします。

結婚、自分が選んだハッピーだと思えるなら、そりゃハッピー。しかし……**これは一体、「結婚したい」のか「結婚しなきゃ」なのか？**

今回はそのようなお気持ちを、「ハッピーエンドに殺されたい」と、真夜中のメール＋真夜中に送ったことを後悔したメールの２本立てでお送りくださった方のお話です。迫りくるリアリテ

イ。2本一気にお送りします。

※注意　希死念慮（死にたい気持ち）にまつわる表現があります。これについて最近具体的に何かを実行した方の、何かに引っ張られそうな夜にはお勧めしませんが、〝実行まではしてない死にたさ〟を抱えた方にはたぶん響き合う何かがあると思う、たくましい終わり方をする投稿文です。

私は、お恥ずかしながら（？）コロナ禍で寂しくなって婚活を始めてしまった感情の奴隷です。

寂しさ一本でやらせていただいています。

婚活というのは圧倒的にヘテロ優位なので、なんとかへテロやっていこうと思いましたが、いろいろあって早々に「いや女性と結婚したいんじゃい」とキレてしまいました。

牧村さんのcakesはこのタイトル、このテーマなのに結婚前提夢見がち女の相談ですみません。

でもどうしても、規範の再生産であろうと、私の願望は同じ価値観の人を見つけて、死ぬまでに女性二人でウエディングドレスを着て指輪を交換してフォトを撮ることなのです。

親にも紹介したいです。

ハッピーエンドに殺されたいのです。

これ自体私に刷り込まれた呪いなんじゃないかと考えています。

のちに脱婚することがあるとして、それも承知です。

そんな私が「女性×女性の婚活はないんかい」と探したら、ありました。

しかし何となく違和感を覚えるのです。

「LGBTの方」という言い方、「人を愛するのに性別は関係あるのでしょうか」というそれはそうなんだが昔どこかで聞いたような謳い文句、正しいことをやってあげている感……何となく不信感を抱いてサイトをそっと閉じてしまいました。

正直コロナ禍で何度も、本当に何度も死を考えたのですが、こうなったら恋愛結婚をやってやるとハイブランドのメイク用品を通販で買ったら生きる気力が湧いてきたので、ここで諦めたくありません。

このコロナ禍で同性と出会い、Zoom通話などで距離を詰めるのに、私は何をすればいいのでしょうか。

やみくもに欲望を肯定していないで現実を見て、自分の呪いを解いて、一人で生きていく作業を試みるのが先でしょうか。

手詰まりになってしまいました。

そこそこ愛情と金をかけて育てられた産物が夜中に恋人がほしくて泣き出す大人だという現実も、もうこれが私なので親に申し訳ないとかはないのですが、情けなくて仕方ありません。

結婚したいです。

ここからは蛇足なのでもし採用されたら省いていただいて構わないのですが、真面目にまず恋人を作るとしたらどこに行けばいいんでしょうか!?

大都会のレズビアンバーでしょうか!?

過去の記事が多すぎて読みきれないので、もう書いてあったらすみません!!


最後かわいすぎて省けなかったです。

2通目行きます。


昨日の深夜にメッセージを送った者です。

昨日はかなり混乱した、わけのわからないメッセージを申し訳ありませんでした。かなり破滅的になっていて、自分でも何を書いたか半分覚えていません。そんな文章を心ある生身の人間宛に送ってしまって、反省するばかりです。

牧村さんに届かないにしても、cakes編集部の方は目を通すと思いますので、お詫び申し上げます。

仕事の先行きが見えなくなり、不安への対症療法として、自分に必要ではなかった男女向けの恋愛に関わったことで、何かが破裂してしまったのだと思います。

ただハッピーエンドに殺されたいというのは本心で、これは渇望する何かを成し遂げてあとはなにがあっても大丈夫、生死の観念を取っ払った理想郷に至りたい、の言い換えなんだと思います。

それが私にとっては心からの相思相愛の獲得で、自分と相手を縛り付ける一時的な契約なのだと思います。

社会に与えられたハッピーエンドで死にながら諾々と生かされたいのではなく、もぎ取ったハッピーエンドで他の死の可能性を焼き尽くしたいのです。

そもそもこの社会はハッピーエンドすら与えてくれないので、お前たちにバッドエンドを押しつけられるくらいならお前たちを殺すという方向に行きそうで怖いのですが……

私は「そのままの君でいいんだよ」系のメッセージで楽にならないどころか舌打ちをしてしまう方の人間です。

聞いていただきありがとうございました。

遺書みたいになってしまいましたが、なんだかんだ死なないので大丈夫だと思います。


「結婚したい」って、深層的には、しばしば「死にたくない」の言い換えなんですよね。

生活の支え合い、老後の不安の解消、たとえ自分が死んでも子々孫々が続いていくんだな〜という、**血を託す感じ**。

しかしですね、生命、自分以外は自分をやれないんです。そして自分って、いつか必ず死ぬんです。そのことを自分で受け入れた上でMAX自分をやっていく、いわゆるメメントモリな姿勢で自立することができないままに、死にたくなさを愛って呼んで血縁で自分の血ぃ託しちゃうような家族形成やっとると、大体アカンことになりますね。「ママの叶えられなかった夢も我が子ちゃんならきっと叶えられる」ママとか、「同性愛だなんて親不孝め、孫の顔はまだか」パパとか、あとパートナーに対して「私の言う通りにしろ」がやめられない人とか。ひゃっひゃー。お前以外お前じゃないぞ！

ま、そういう人々には各自でメメントをモリしていただき、各自で自分をやってってっていただくい以外ないので、今回は放っておきます。「愛」ってキレイに言い換えやすい「死にたくなさ」に比べ、社会的に承認を得にくい、**破滅的欲望についてです。**

いや、安心しました。2通にわたる「死にたくない」を綴っていただいた結果、最後にちゃんと「お前たちを殺す」が出てきたので。もちろん実際殺すと法的にも倫理的にもアウト、あと、根本的に、**人を殺さないと実現し得ない思想って思想として弱すぎる**よなって思うので、「オッケー殺そ！」とは絶対言わないですが。その代わり、このように申し上げますね。

よ～し、滅ぼそ！

あなたはまず、「自分が欲しい物語に出演者を募集しなくていい自分」「可哀想ね～って手を差し伸べてくるやつらに、〝てめえがヒーローになるためにご自分よりもお可哀想な誰かさんを募集してんじゃねえぞ〟って言い返せる自分」目指していくのが一番安定しそうだと思うんです。

宮本百合子の『伸子』みたいな、融け合いたい‼　という熱気で火傷する関係性小説とか、村上龍の『コインロッカー・ベイビーズ』みたいな、僕たち以外全員殺そうね小説とか、「自分とセックスしている夢を見て、目が覚めた」っていう書き出しから始まる中山可穂の『猫背の王子』とか、ああいうのを欲望全開自分向けカスタムで自分用に書くのが一番いいのではと思いました。人に見せるかどうかは別として。文章読んだ感じ、たぶん、書くのお好きでしょ？　書くの嫌いな人は別の手段、寝る前の妄想とかでもいいんですけど、書くの好きなら書くのがいいと思う。

自分で書く小説、自分で読むと本当に面白いですよ。それに、**自分で物語を紡げる人は、自分の望む物語の出演者募集をしなくて済むようになるんです。**

例えば「愛しているよって言ってくれる誰かが欲しい」と泣いたって、「愛している」と言ってくれた誰かが「愛している」という言葉に込めた意味はあなたが思ってるのと違ったりする。それでも相手を知りたい、って、期待したものが与えられなくても知りたいって思い続けられる気持ちをわたしは愛と呼びますが、単に何かが欲しいだけなら、与えられるのを待たずに自分で作るほうが早いんですよ。

あなたの場合、与えられるのを待たずに作ろうとしたほうが早いのは「食っていける金」と「自家製のロマンス」だと思った。稼いで自分で自分の欲望満たす用小説書いたほうが早そう。「小説」は、フランス語で「ロマン」ですよね。自家製ロマンス自炊のコツは、どんなに変態的でも非倫理的でも自分で自分を否定しないことです、だってそれ、自分用小説だから。世に発表しないんだから。そうやって腹および心を満たすものを自炊しながら生きるうち、誰かと縁あって、その人をもっと知りたいと思ったら、お付き合いなり結婚を考えればいいと思うけど、出会い・結婚そのものを目的にするのは「与えられ待ち」だからな、別にいいけど、時間かかるな～と思った。結婚したって関係性は完成しないんだしね。ケーキカットから始まる、一生の共同作業ですので、それは。

あなたは結婚したいんじゃなくて、うーん、**「大丈夫になりたい」のだろうと思うんです。**「大丈夫だと思えるようになりたい」。「大丈夫だと思えなくなっちゃったから、みんなに〝よかったね、これで大丈夫だね〟って言ってもらいたい。大丈夫だよって言ってくれる誰かと寄り添って、大丈夫になりたい」。

だけどそうなったらそうなったで、「大丈夫だって言ってもらうことでやっと大丈夫だと思える自分」を好きになれないんだと思うんです、あなたは。「大丈夫だよ」って言ってもらうことを、「つけ込まれること」でもあると思ってるでしょう。「ＬＧＢＴの方々のための婚活サービス！」とか、「そのままの君でいいんだよ……」とか、そういうのにイラついていらっしゃるのは、「うるせえ、上から手ぇ差し伸べてくんな」ってことですよね。助け合いたい、けど、助けられたくはない。

なんでそう思ったかっていうと、この部分です。

**私の願望は同じ価値観の人を見つけて、死ぬまでに女性二人でウエディングドレスを着て指輪を交換してフォトを撮ることなのです。**
**親にも紹介したいです。**

以下、わたしなりに整理します。

「指輪」「フォト」「紹介」……他人に見せて承認される要素

「同じ価値観の人」……しかし〝他者〟は求めてない要素

「死ぬまでに」……そしてなぜこの文脈で「死」が滲み出てきたのか、胸に手を当てて考えてみて欲しい要素その上、2通目のメールで「仕事の先行きが見えなくなり不安で」っておっしゃるんでしょ。いや〜、本当にこれ、「結婚したい」で言い換えられた別の欲望ですよね。あなたのおっしゃる通りです。自分で気づけましたね。

この「結婚したい」の中身はたぶん、「**食っていける金が欲しい**」の方によっぽど近いです。ハイブランドメイク用品で元気出とるしな。

塗ったくって、まみれていきましょう。欲望は、キレイに言い換えなくていい、満たそうとしてもらわなくていい。はっきりと欲しがっていいし、欲しいものを自分で摑みにいっていいんです。

自分の腹を満たす金を入手し、自分の欲望を甘やかに満たす物語を自分で綴って生きていくうち、あなたはいずれ、「他者」と出会うでしょう。その人はあなたじゃないので、あなたの筋書き通りには動いてくれません。あなたが直面したくないあなたの欲望を引き出してしまうし、あなたをあなたのものじゃない欲望の対象としてくるし、なんか具体的に例を出すと「は？ 私はドレスとか絶対嫌なんだけど。バンジージャンプウェディングならいいよ！」とか言ってきやがるかもしれない。なんやこいつ。そう、他者です。おもろいな。気になるな。こいつが……こいつがもし、突然の事故で死の淵を彷徨ったときに、「ご家族以外は入れません」って結婚してないせいで面会拒否られてそのまま死に別れたら、そんな世界、滅ぼしてしまうかもしれない。思い通りにはならないおもろいこいつを、一生、見届けたい。そう思ったら結婚制度及びそれに類

するものを使うのも手かもしれないけど、「同じ価値観の人と出会いたい」って気持ちだったら明らかに、

**自分自身と出会い直したほうが早いですね。**

だから。

ハッピーエンドに殺されたい。牧村朝子の連載宛に送ったがゆえに牧村朝子の影響が強すぎるこの言葉を、もっと、自分にしか見せたくないようなげちゃげちゃの欲望として摑み出し直してみてください。「縛り付ける」「殺す」「焼き尽くしたい」……。これら全て、あなたの投稿文から抜き出してきた単語ですよ。ほらほら、もっと出るんでしょ？　出してください、自分の中で。それを他者に認めてもらおうだなんて甘ったれないことです。あなたが、直面するんです。あなたが、あなたの欲望に。

（２０２０年11月掲載）

# 塗りたくられても、感じてて

めっちゃ大事な話をします。ナナイのプレハブの話です。

ロシアと中国とのはざま、北海道の左上。その辺りの地域の川沿いに、先住民の人たちがいます。水の民です。鮭をとって、鮭を食べて、鮭の皮で工芸をして暮らしています。

その人たちは、いろんな名前で呼ばれています。

ロシアから見れば、ナナイ族。

中国から見れば、赫哲族。

日本から見れば、山丹人。

元々は、自分たちの言語を話していました。わたしはその言語をナナイ語と呼んで、それを勉強していました。その、わたしがナナイ語と呼んでいるその言葉を、話せる人たちはね、この地球上に……まあ、何をもって「話せる」とするのか、数え方にもよるんだけれど……厳しく言えば、百人がいいとこって感じでしょうか。わたしも、ナナイ語、「その帽子はわたしのものです」っていう文章しか言えないです。マジで、その辺に置いておいた帽子を人に褒められた時くらいにしか使えない。そしてそういう場面は人生にあまりない。あったとしてナナイ語で言う必然性がない。だってもう、そのあたりの人たちはね、ロシア語か中国語の普通話《プートンファ》（共通語）をしやべってるんですよ。そのほうが稼げるから。

そんなようなわけで……わたしがナナイ語と呼んでいるその言葉、そして、その民間伝承は、この地球上から消えてしまいつつあります。

そんな中、よその地域の人が、その地域に足を踏み入れたんだよね。

で、プレハブ、っていうものを、その土地にもたらしたんだって。

こんにちは、こちらにお住まいの皆さん。この地域、寒いですねえ。夏は魚をとったりできるけど、冬は川が凍っちゃうくらい寒い。大変じゃないですか。皆さんの伝統的なお家、風がスースー通りますねえ。プレハブって知ってます？　簡単に建つし、風も通らない。いいですよお。どうですかあ。

で……どうなったか想像つきますか？

めっちゃカビたんだって。家の中のものが。

あーーー。

そりゃ、そうですよ。川沿いの、水辺の民ですよ。なにせナナイの民間伝承、カビたズボンが主人公の話とかあるからね。「カビたズボンをはいた人間」が主人公なんじゃないんですよ。「カビたズボン」そのものが主人公なの。すごい発想じゃないですか。そういう土地をそういうふうに考えながら生きてきた人たちなんです。だから、風通しの良い家に住んでいたの。

なのに……って話なんですよ。

これ、なんか、思い出しません？　近代日本も、同じじゃね？

わたくしね、今現在、２０２１年7月20日の日本国神奈川県におります。ちょっと外に出ないといけない時は、本藍で染めた木綿の絣を着ます。お仕事でご一緒している着物スタイリストの渡部あやさんが、鳥取の米子で見つけてくださった、野良着用に手織りされた反物を、現代生活で洗濯機洗いできるように、ワモノヤトウキョウジョウというお店のつちさんという方にミシン縫いで仕立てていただいたものです。本藍、すごいんですよね。虫が寄り付かないし、汗をかいてもにおわない。肌も焼けない。木綿も、和服の形もすごい。風がスーッと通るからすぐ乾くし、手首足首まで覆っているのに一枚きりで済んでるし、涼しいし、体調や体型や気温に合わせて着付け方を調整できるし。普段着なので、あの、幅広のコルセットみたいな帯は締めていません。へこ帯っていって、柔らかいスカーフみたいなやつでキュッとふわっと腰だけ締めてます。そうすると上半身にも下半身にも風が通る。ノーブラで汗をかいても乳首が浮かない。マジで素晴らしいんですよ。

いつも言うんですけど。大きく言って。洋服は、風を防ぐことを考えた服です。和服は、風をはらむことを考えた服です。

この、高温多湿の土地を生きるのに、風を防ぐと湿気こもるから、汗疹とか汗染みになっちゃうんですよ。デオドラントとか、制汗剤とか、そういうの使わないと、とても風を防ぐ服は着ていられない。そこまでして着たい服を着るというのも、それはそれで美学だと思いますよ。でも、わたしはね。

日常生活は、この土地に元々あった暮らしのスタイルをベースにして構築していったほうが楽だと、気がつきました。

水辺の民が築いた暮らしは、水辺を生きるためのものです。

それを、「えっ？　そんな言語しゃべってても稼げないじゃん！　そんな家に住んでたら、そんな服を着てたら、風が防げなくて寒いじゃん！」って壊しちゃうと、やっぱり、どこかで何かが合わない。だからつじつまを合わせるために、どんどん、いろんなものが必要になっていく。

「そこにそのようにしてあるもの」は、そうあるべくして、そうなってるんですよね。

だからなんか、「これって、どこかに無理がかかってないかな？」って感じたら、その感覚を大事にしていいます。で、何がどうして「無理がかかってる」感じがするのかを突き止める。そこを解決する。そこを、先人たちがどう解決してきたのか、歴史と伝統に学ぶ。で、その先を考える。ちょうど、昔の人の野良着を、今の電気洗濯機に合うように、（そしてわたし個人の、着物洗濯ネットにいちいち入れるとかいちいち手洗いするとかそういうことができない大雑把な性格にも合うように、）ミシンで仕立てたように。

わたしはいま、このようにしてここにあります。

あなたもいま、そのようにしてそこにあるんですよね。

どっちが正常か、どっちが異常か。そこにわたしは、もう振り回されずにいられます。ただ、そのようにしてそこにあるだけだと思うので。そうあるために、どこかに無理がかかっているか、いないか。それを感じられる感覚が切られてしまっていないかどうか。それこそが、わたしにとってはよほど大切で。

「和服と洋服、どっちが優れてる？」

「みんなが着ている服装に合わせないと浮く？」

みたいなことは、二の次です。

こうやって、和服とか着て和室で生きてると、「やっぱり日本人だねえ、日本の暮らしはいいよねえ」みたいな人とかに、まだまだあんまり話してないのに形だけで仲間認定されたりします。「日本って？　日本人って？」って、わたしは聞き返してます。その人がそこをどう思ってるか興味あるし、それはきっと、わたしと違うと思うので。その違いは、わたしにとって、面白くって、興味深いことなので。本当に仲間になりたいなら、和服着てるかどうかとか、髪の色や肌の色や顔立ちやパスポートやしゃべってる言語がどうかとか、そういうことじゃなくってさ。お互いをお互いにどれだけ知り合えるか、ってことにかかってるんだと思うので。


つい近代、明治の初頭くらいは、違うものと知り合う、わかり合う、ってことが、今よりずっと難しかったんだよね。たとえば、ネットで航空機のチケットをポチってさっとロンドンに行く、みたいなことができない。頑張って船に潜んで密航して、どれくらいだっけ、二ヶ月とかかけて、それで、本当に到着できるかどうかもわからない。語学を勉強しようにも、アプリとか動画とか存在してない。っていうかそもそも、日本列島の上で言語が通じてない。たとえば、今で言う青森の人と鹿児島の人が、お互いに言語も文化も違いすぎてるので、意思疎通が難しい。もちろん、新幹線も高速バスもLCCチケットも何もない。まず、青森から鹿児島に行くのがかなり大変。

そういう状況だとさ。自分と違うものを知ろうとするよりも、殴り合って勝って言うことを聞かせて、自分と同じやり方に従わせるほうが安心するよね。仲間、増やしていきたいよねえ。自分たちこそが正常だと信じて、こんな素晴らしいやり方をわかっていない遅れてるかわいそうな人たちを導いてあげなくちゃって思っちゃうよね。はい、プレハブ建てますね。はい、洋服着てください。文明開化〜〜〜。

で、どうなった？　って、話だと思うんですよ。

世界、同じような色で無理に塗りたくられちゃったじゃないですか。カビたズボンが主人公の民間伝承はギリギリ書き留められたけれども、その話をその土地の言葉で生き生きと語ることができる人は、このままだと、もうすぐ、いなくなっちゃうかもしれません。

そうやって、なんとか仲間を増やして、なんとかお互いに同じ仲間だと思える人を増やそうとして生きてきたことも、また、「それがそこにそのようにある」ことの一環だとは思うんですよ。でも、やっぱりさあ。

同じになろうとすることで、すっごい、無理がかかってたよね。

じゃ、この先はどうして行こうかね。って、考えてます。先人たちが歩いた足跡を振り返り、わたし自身が歩いていくこの先の道を見ながら。「次の世代の人たちはこんな思いをしなくて済むといいな」ってことと、「次の世代の人たちにもこんないいものを守って残していけるといいな」ってことを、思いながら。

いつか、ナナイの言葉が芽吹いた土地に、旅をしようと思っています。

わたしは鮭を、鮭おにぎりとか、サーモン寿司とか、スモークサーモンとか、そういうふうにして食べています。だからナナイの人たちにも、「わたしはおにぎりとか寿司にして食べるんだよね。あなたはどうやって食べてるの？」って、尋ねてみたい。だって、同じくおにぎりや寿司を食べる民同士でもさ、実はいろいろあるわけじゃん。「海苔はパリパリ派？　しっとり派？」

とか。「さび抜き？　さびあり？　わさびたっぷり？」とか。「マヨネーズはアリ？」とかさあ。「日本人ならやっぱり海苔はパリパリ派だよね！」とは一概に言えないし、その「日本人」とされるカテゴリの中に、本当に、本当に、本っ当に、いろ〜〜〜んな人たちが、いるわけじゃん。ナナイの人たちだって同じだと思うんですよ。ナナイの鮭の食べ方があって、その上できっと、また、細かく、その人ごとにいろいろあるんですよ。「海苔はパリパリ派？　しっとり派？」みたいなことが。

そういう違いを、みーんな、みんな、興味深く知って、感じて、生きていきたい。それは、チームに分かれて殴り合うより、断然楽しいことなんですよね。わたしにとって。

人は人を、いろんなふうに分類したがる。性別。出自。見た目。言語。国籍。病名。服装。食文化。性のあり方。なんかこう、そういう、いろんな、全部で。でも、そういう中にあって、わたしは。

この世を感じる、感覚デバイスです。さあ、次は、何を知ろうかな。

## 「ピダハン 「言語本能」を超える文化と世界観」

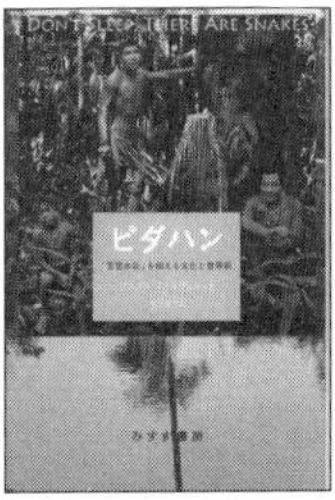


ダニエル・L・エヴェレット 著
屋代通子 訳
みすず書房 2012年

「ブラジルのアマゾン奥地の先住民族ピダハン族にキリスト教を布教せよ」というミッションを負って、1977年、ジャングルの中へ家族一同で移住した伝道師兼言語学者の話。全くピダハン語がわからない状態から、どうやって？　自分とは、なんだったのか、なんなのか。本の向こうから震えが来る冒険譚です。

## 「ただのひと 海を渡った女ごころの記」

藤田ジャクリーン 著
法蔵館 1983年

著者は、パリの名家のお嬢様。移民の女中が作る料理が口に合わず、こっそり捨てたりするような日々を送っていました。しかし、家が没落、離散。女中に助けられ、労働者から生の技術を、仏教から生の智恵を学びます。「親鸞の生まれた日本で学びたい」という夢を叶え、日本語で書いたのがこの本です。

## 「さようなら、オレンジ」

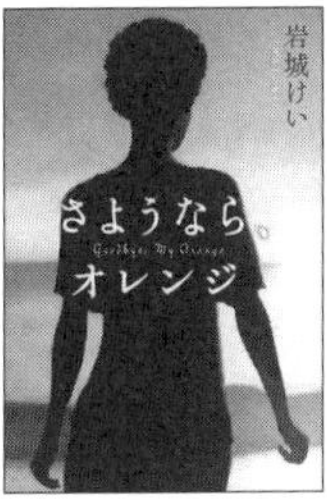


岩城けい 著
筑摩書房 2013年

子どもを連れて難民としてアフリカを出た女性サリマと、夫に合わせて日本を出た日本人女性ハリネズミ。母国と離れ、母語と離れて、オーストラリアで出会った二人が、同じ学校で同じ言語を学び、どんなふうに心をふれあわせていくのか。学びによって取り戻す、という希望を見せてくれる物語です。

## 「メキシコ人はなぜハゲないし、死なないのか」

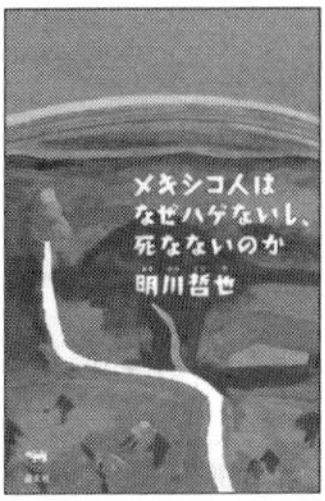


明川哲也 著
晶文社 2003年

新書みたいな題ですが、単にこの問いに答えるだけでは終わらない、分類不能の言葉の奔流です。冒険物語のようだけど、データにも基づいているし、社会問題や国際文化も絡むし。半フィクション、という感じ。ある意味、異世界転生。読み終わった後、この本に出てくるなにかを食べたくなると思います。

### 本の調べ方

まずは「そもそも自分が何を考えているのか」というところから。最近の会話、SNSフォロー、散歩やお風呂での思いつき……理想的には日記、検索履歴など、人に見せない自分を善悪ジャッジせずに感じてみること。そこで出たワードを深掘りします。

# おわりに

この本を作っている最中、ＬＩＮＥとInstagramとFacebookをアカウントごと削除しました。もともとなんでやってたかって、ＬＩＮＥは「グループ連絡に不便だからやってよ」って言われて。で、Instagramは、まだアイコンがレトロなインスタントカメラ風だった２０１２年ごろ始めたんですけど、完全に「インスタントカメラ風カメラアプリ」だと勘違いしてて。Facebookは、「友達」というキーワードを軽々しく使いすぎるノリが最初から合わなかったんですが、Facebookでしか連絡が取れない取材相手に連絡するために、要は仕事のために、仕事用アカウントを持っていました。どれも、やりたいわけじゃなかった。

なんでもかんでも共有・共感。この先にあるものは「みんな仲良し」どころか派閥化では？と、思って。ＳＮＳ上で、人が言語や考え方やインフルエンサーによって派閥に分かれていく感じ、これ、戦争そっくりじゃんって思いました。嫌だ、嫌だ、だけど得があるから／損をしたくないからやめられない、って言いながらＳＮＳを使わされている人たちを見て、なんか、「ソーシャルネットワーキング」……社会の網づくり、という言葉がすごく不気味に思えたんですよね。

ネットワークの網に絡めとられるんじゃなくて。

脳神経細胞、ニューロンの網を伸ばしていくほうが、ずっと自由で刺激的。

人間どうしで言葉をやりとりする時間はわたしにとって大切なものです。けれどそれはやはりある程度、「ふつうのふり」をする時間になると思っています。お互い伝え合える表現、通じる言葉を選んで、相手を傷つけてしまいかねない欲望の出方は制御して接するのだもの。でもそれを続けていると、相手のために自分を抑える腕が疲れてきてしまう。そういうとき、誰かに全部受け止めて欲しい、とは、わたしは思わなくて。他者に自己を受容してもらっても、他者だって自己だって世界の一部でしかない。世界の一部と世界の一部が相互依存みたいに肯定を提供し合うより、全ての中にただ在るのだということを思い出した方がずっといい。

だから、ひとりで本を読みます。ひとりで空想します。ひとりで眠ります。そこであふれだした無意識の欲望を、汚いとか醜いとか正しくないとか、もう、思いません。まして、誰かに肯定してもらおうだなんて。そんなことしなくたって、それは最初から、ただそこにあるんだもの。

わたしはこれからも、生涯をかけて、読んで、感じて、書くでしょう。人生相談を続けていくでしょう。人生相談でアドバイスしない、やさしく生ぬるい「それでいいのですよ」という肯定を提供しない、ただ「さよか。ワシから言うたらこんなんやな。知らんけど」っていうあり方こそが、わたしなりの誠実です。本当のことを言えなくて、作り話の人生相談をする人がいることもわかっています。けれど、それも含めて。同じ時代に生まれ落ち、言葉を交わせる時を持ち、相談者のみなさんと、読者のみなさんと、それぞればらばらに思考の足跡を残せることを、うれしく、楽しく思います。ふつうのふりは生きる手段。だからこそ、そのあとで、ただ、生きて。

注18　cakes記事『息苦しい「空気」は、無自覚のマジョリティが作っている』
https://cakes.mu/posts/22867

注19　東京新聞　https://www.tokyo-np.co.jp/article/11835

注20　世に残しておきたい田名の言葉
http://www.sagamihara-kng.ed.jp/kouminkan/tana-k/tananokurasi/tananokurasi/kotoba.htm

注21　cakes記事『ずるいよね、女ばっかり守られて』　https://cakes.mu/posts/22812

注22　cakes記事『ノンセクで、性的なことが気持ち悪い。治療できますか？』
https://cakes.mu/posts/27460
cakes記事『セクシャルな彼女と、ノンセクシャルな私』
https://cakes.mu/posts/27658

## 主要参考文献


『インドの思想』川崎信定　ちくま学芸文庫　2019年

『分類思考の世界―なぜヒトは万物を「種」に分けるのか』三中信宏　講談社現代新書　2009年

『人類学汎論』西村真次　東京堂　1929年

『日本のフェミニズム since1886 性の戦い編』北原みのり責任編集　河出書房新社　2017年

『変態性慾心理』クラフト＝エービング著　松戸淳訳　紫書房　1951年

『日本人の歴史４　性と日本人』樋口清之　講談社　1980年

『権威と権力―いうことをきかせる原理・きく原理』なだいなだ　岩波新書　1974年

『Forms of Desire』Edward Stein　Routledge　1993年

「すばる」2018年5月号　集英社

「奇譚クラブ」1953年11月号ほか、吾妻新・古川裕子寄稿号

## 参考資料


注１　結婚新生活支援事業補助金
参考記事 livedoor NEWS　https://news.livedoor.com/article/detail/18936036/

注２　政府広報オンライン
https://www.gov-online.go.jp/useful/article/201808/2.html

注３　警視庁　https://www.keishicho.metro.tokyo.jp/kurashi/higai/kodomo/inkoj.html

注４　THE CONVERSATION
https://theconversation.com/how-china-is-legally-recognising-same-sex-couples-but-not-empowering-them-122270

注５　Sup China
https://supchina.com/2019/04/15/weibo-is-taking-down-posts-hashtagged-les-short-for-lesbian/

注６　cakes記事『今付き合ってる彼女が「彼」かもしれません』
https://cakes.mu/posts/20265

注７　青春と読書　http://seidoku.shueisha.co.jp/1912/read09.html

注８　Lori A. Brotto(2010) The DSM Diagnostic Criteria for Sexual Aversion Disorder, *Archives of Sexual Behavior volume 39*, pages271–277
https://doi.org/10.1007/s10508-009-9534-2

注９　cakes記事『フランス語の「恋」と「愛」の違い』
https://cakes.mu/posts/14298

注10　DIAMOND online　https://diamond.jp/articles/-/31497

注11　WEZZY　https://wezz-y.com/archives/46918

注12　cakes記事『芸能界でふりかざされる「プロなら脱げるはず論」』
https://cakes.mu/posts/9398

注13　cakes記事『ふたりのお金の管理、どうしてる？』https://cakes.mu/posts/5871

注14　文部科学省
https://www.mext.go.jp/b_menu/shingi/chukyo/chukyo3/siryo/attach/1295934.htm

注15　cakes記事『脳性マヒ者団体「青い芝の会」が主張した、障害者の自己』
https://cakes.mu/posts/22513

注16　カナロコ　https://www.kanaloco.jp/news/social/entry-16397.html

注17　髙阪悌雄「ある行政官僚の当事者運動への向き合い方
—障害基礎年金の成立に板山賢治が果たした役割—」Core Ethics Vol.11(2015)
https://www.r-gscefs.jp/wp-content/uploads/2015/04/%E3%82%B3%E3%82%A2%E3%82%A8%E3%82%B7%E3%83%83%E3%82%AF%E3%82%B911%E5%8F%B7_12%E3%80%90%E8%AB%96%E6%96%87%E3%80%91%E9%AB%98%E9%98%AA%E6%82%8C%E9%9B%84.pdf

写真　おふろ
衣装　歪hizumi
装幀　bookwall

この本は、ウェブメディアcakes（ケイクス）で連載中の「ハッピーエンドに殺されない」を大幅に加筆・修正し、新たに書き下ろしを加えたものです。

cakesの連載に掲載された相談は、すべて牧村朝子本人が目を通し、選出しています。なお、投稿された相談の文章には一部編集を加えています。

牧村朝子●まきむら　あさこ

1987年、神奈川県生まれ。タレント、文筆家。2010年、ミス日本ファイナリスト選出を機に芸能界デビュー。17年、事務所から独立し、日本を拠点に執筆・メディア出演・講演を続けている。将来の夢は「幸せそうな女の子カップルに“レズビアンって何？”って言われること」。テレビ出演に『ハートネットTV』（NHK Eテレ）ほか。著書に『百合のリアル』『同性愛は「病気」なの？　僕たちを振り分けた世界の「同性愛診断法」クロニクル』『ハッピーエンドに殺されない』などがある。愛称は「まきむぅ」。野良猫を見たら必ず挨拶に行く。

ふつうにふつうのふりしたあとで、
「普通《ふつう》」をめぐる35の対話《たいわ》

2021年10月24日　第1刷発行

著　者——牧村朝子

発行者——箕浦克史

発行所——株式会社双葉社

東京都新宿区東五軒町3-28　郵便番号162-8540
電話03(5261)4818〔営業部〕
03(5261)4831〔編集部〕
http://www.futabasha.co.jp/
（双葉社の書籍・コミック・ムックが買えます）

DTP製版—株式会社ビーワークス

印刷所——大日本印刷株式会社

製本所——株式会社若林製本工場

カバー印刷——株式会社大熊整美堂

落丁・乱丁の場合は送料双葉社負担でお取り替えいたします。
「製作部」あてにお送りください。
ただし、古書店で購入したものについてはお取り替えできません。
電話03(5261)4822〔製作部〕

定価はカバーに表示してあります。


ISBN978-4-575-31659-9 C0095